Dietmar Wischmeyer,

geboren 1957 in Oberholsten/Whgeb., Studium der Philosophie und Literaturwissenschaft, arbeitet seit Ende der 80er-Jahre in der deutschen Humorwirtschaft, zunächst beim Hörfunk, dort entstanden die meisten seiner populären Figuren (Frieda und Anneliese, Die Arschkrampen, Günther, Mike etc.). Die Radioserie „Der Kleine Tierfreund" lief ununterbrochen 13 Jahre wöchentlich bei vier verschiedenen Berliner Sendern, das sonntägliche Frühstyxradio hörten acht Jahre lang jede Woche eine halbe Million Witz-Anarchisten in Norddeutschland und Berlin. Von Dietmar Wischmeyer sind bisher vierzig Tonträger und dreizehn Bücher herausgekommen, darunter sehr erfolgreich die vier Bände aus dem „Reich der Bekloppten und Bescheuerten".

Weitere Bücher sind den Figuren aus dem Radio gewidmet (Tierfreund, Günther, Frieda & Anneliese) und im Lappan Verlag erschienen. Nach zahlreichen Soloprogrammen wurde 2003 das erste abendfüllende Theaterstück aufgeführt („Frieda sei mit Euch" zusammen mit Sabine Bulthaup). Irgendwann möchte er noch mal ein Buch schreiben, das keiner versteht. Bis dahin lebt Dietmar Wischmeyer auf freiem Fuß im Landkreis Schaumburg, Niedersachsen.

Postfach 3407 · 26024 Oldenburg
www.lappan.de · E-Mail: info@lappan.de
Gesamtherstellung: Westermann Druck · Zwickau
Printed in Germany · ISBN 3-8303-3112-6

Dietmar Wischmeyer

Deutschbuch

Die Bekloppten

Lappan

Inhalt

Guten Tag

und auf Wiedersehen

„Guten Morgen, Männer“, hieß die klassische deutsche Begrüßungsformel. Will sagen, Frauen wurden sowieso nicht gegrüßt, und bis mittags hatte man alle schon mal gesehen. Heute schwäbelt stattdessen ein „Hallöle“ aus der Kulisse, und man weiß nicht, ob man gleich brechen oder erst dem Grüßer eins aufs Maul zimmern soll. Der schwäbische Diminutivwahn hat auch in seiner hochdeutschen Lehnsübersetzung nichts an Ekel eingebüßt: „Tagchen“ sagt wahrscheinlich schon der Spieß, wenn er morgens vor die Kompanie tritt. Der Kuschelterror hat nämlich längst die Weicheierreservate in Medien und Werbung verlassen. „Tschüssi“ oder „Tschaui“ flötet es aus jeder Ritze, denn alles ist so putzig und so niedlich im Land der Bekloppten. Als ich kürzlich auf der Straße sogar ein „Schalömchen“ hören musste, gings anschließend mit dem Essigreiniger durch die Löffel. Wann säuselt der Neonazi sein Heil Hitlerchen und gibt damit zu verstehen: Ey, du, irgendwo bin ich auch total verletzlich?

Die Feminisierung der Gesellschaft macht vor keinem Halt. Vorbei die Zeit, da man seinem Kumpel zur Begrüßung die Pranke aufs Schulterblatt dröhnte mit den Worten „Egon, altes Scheißhaus“ – und damit den höchsten Grad zwischenmännlicher Herzlichkeit erreichte. Heute wird selbst im außerschwulischen Bereich gebusselt, und gestandene Betonfacharbeiter nehmen sich in den Arm. Auf der Strecke blieb der typisch deutsche Händedruck, einst ersonnen, um sicherzustellen, dass keine Faustwaffe mitgeführt

Die neue Seniorenresidenz lag inmitten lieblicher Landschaft. Nur Hunde ahnten, was tatsächlich darin vorging.

wurde. Viele Hände schütteln nur noch Politiker, wenn sie Sex mit ihren Wählern antäuschen. Der Normodeutsche hatte sich seinerzeit eine Ersatzhandlung ausgedacht, mit der er vermied, den Handschweiß Dutzender an sich aufzunehmen. Dazu klopfte er dreimal mit den Knöcheln der rechten Hand auf eine hölzerne Tischplatte und sagte: „Ich mach mal so."
Ich weiß gar nicht, wie die Kuscheltruppe das Problem der Dutzendabfertigung löst. Wird da ein tapferes „Hallöchen, Mädels" in die Runde gefistelt oder muss jedes anwesende Exemplar geherzt und abgeliebelt werden?
Auch in der Verabschiedung ist Freund Zeitgeist nicht untätig geblieben. „Auf Wiedersehen" sagt niemand mehr, „Halt die Ohren steif" nicht mal der Patenonkel. Was bleibt ist ein frech gelogenes „Wir telefonieren", wenn man sich zu einem „Schalömchen" dann doch nicht durchringen mag.

Weltkulturerbe Betonmatte

Die Frisuren der Busfahrer

Wieder einmal gilt es einen herben Verlust deutscher Kultur zu beklagen: Die Busfahrerfrisur stirbt aus! Noch bis vor kurzem konnte man dieses Bild täglich vor den Autobahnraststätten und Landgasthöfen besichtigen: Ein Neoplan-Euroliner mit Bordtoilette biegt auf den Hof, mit lautem Druckluftzischen öffnet sich die rechte Tür und ein Mann in weinroter Weste oder weißer Strickjacke tritt heraus. Routiniert greift er in seine Gesäßta-

sche, holt einen Plastikkamm hervor und zieht die Stromlinienmähne auf Passung.
Als würde sich der C_W-Wert des quadrigen Rentnerkoffers merklich reduzieren, trugen alle Busfahrer wie abgesprochen die gleiche Windkanalfrisur. Vom Finish her dem Kotflügel eines Sportwagens nachgebildet, saß der Fahrerhelm auf dem Kettenraucherschädel. Keinem einzelnen Haar war es erlaubt, den strengen Verband des Betonschopfes zu verlassen. Die chemische Formel dieses Zusammenhaltes werden die letzten alten Setrapiloten mit ins Grab nehmen. War es Zuckerwasser, verdünntes Pattex oder nur eigenes Kopfhautsekret, das aus einem Wischmopp dieses perfekte Formteil schuf? Wovon die Reklametussis der Allwetter-Taft-Werbung nur träumen konnten, beim Busfahrer wurde es Gestalt: Ob am Grab von Hermann Löns, in der Rüdesheimer Drosselgasse oder im Schweinepark Soltau: Die Frisur saß immer perfekt.
Zischend öffnet sich die Tür des Niederflur-Stratoliners, ein Mann Mitte fünfzig zieht die Trevirahose über den Bieräquator, schiebt sich eine Ernte 23 in den Mundwinkel und holt den Stielkamm aus der Gesäßtasche: Das ist die deutsche Antwort auf Clint Eastwood, wenn er den Saloon betritt.
Busfahrer hatten es nicht nötig, sich wie ihre schmuddeligen Vettern aus den Lastwagen einen doofen Ami-Namen zuzulegen. Sie sind keine Trucker, haben kein dämliches „Manfred"-Schild hinter der Scheibe und auch keine Lichterkette. Sie haben ihre Betonfrisur, und wenn sie die Rastanlage betreten, weiß jeder sofort, wer sie sind. Doch die graumelierten Helme werden seltener vor den Autohöfen, es wird Zeit für das Weltkulturerbe Deutsche Busfahrerfrisur.

Schwuppdiwupp, weg sind se

Kleine Fluchten der Frauen

Wohin verschwinden eigentlich die Frauen, wenn man sich im Kaufhaus einmal kurz umdreht? Die männliche Begleitung durchstreift ergebnislos die Regalschluchten, guckt hinter jeden Kleiderständer – nirgends auch nur eine Spur. Erdzeitalter später tauchen sie dann an einer gänzlich unvermuteten Stelle wieder auf.
Szenenwechsel: Trippeln von einem Fuß auf den anderen, Blicke auf die Uhr, nervöses Rauchen, tiefes Ausatmen: Ein Mann steht vor der Damentoilette. Was zum Teufel kann man dort nur so lange treiben? Die weibliche Urinalanatomie ist so verschieden nun auch wieder nicht vom männlichen Upgrade, als dass man achtmal solange in der Strullbude verbringen müsste. Gibt es dort, im kleinsten Frauenhaus der Welt, etwa eine Tür ins weibliche Paralleluniversum, einen geheimen Einstieg in eine Zwischenwelt, die Männern auf ewig verschlossen bleibt? Und wo ist die entsprechende Tür im Kaufhaus? Selbst auf dem Bürgersteig, in aller Öffentlichkeit, gelingt es einer Frau urplötzlich abzutauchen. Männer ohne Rückspiegel am Revers sehen sich dauernd ihrer Begleitung beraubt, wenn sie nur einen Moment unaufmerksam sind. Zack, isse weg! Vom Schuhständer verschluckt, in der Wäsche-Auslage abgesoffen? Nirgends zu sehen! Da stehen sie dann vor den Schaufenstern der Waffenhändler, der Modellflugzeugläden und Handygeschäfte – die verlassenen Männer. Plötzlich macht es pling, und die zauberhafte Jeannie ist aus ihrer Parallelwelt zurückgekehrt.

Was geschieht dort im Land, das nur die Frauen kennen? Werden dort pausenlos Arztserien gezeigt? Gibt es dort eine Handbibliothek mit allen Brigitte-Ausgaben? Männer werden es nie erfahren, sie lungern weiter vor den Kaufhauseingängen, Damentoiletten oder Messerschaufenstern herum, nicht ahnend, wohin sich Madame schon wieder verpisst hat.
Es ist die unendliche Gutmütigkeit und Geduld des Mannes, die den Frauen ihre kleinen Fluchten erlaubt. Wäre es da nicht angebracht, einfach mal ganz spontan Danke zu sagen!?

Deutsche Helden

Joschka Fischer

Bevor er aufsteht, ist Joschka Fischer schon vierzig Kilometer durch seine Träume gehetzt, das spart Zeit. Um 5 Uhr klingelt endlich der Wecker, und Joschka Fischer liegt schweißgebadet zwischen den Laken. Draußen vorm Haus wartet bereits startklar die Flugbereitschaft mit einer 737. Seitdem Joschka Fischer eine kleine Einliegerwohnung auf dem Flughafen Tegel bezogen hat, ist sein Alltag wesentlich effektiver geworden.
Heute hat er drei Termine auf drei Kontinenten: 9 Uhr Ramallah, Treffen mit Arafat. Auf dem Hinflug muss Joschka Fischer noch eben einen Nahostfriedensplan raushauen, maximal drei DIN-A4-Seiten. Um 12 besucht er die deutschen Soldaten, die vor Somalia kreuzen. Landung ist zu kompliziert, der

Pilot wedelt zweimal mit den Tragflächen und dann gehts wieder ab. Beim Überflug von Khartum wirft Joschka Fischer schnell noch seinen Friedensplan für den Sudan ab: immerhin fünf DIN-A4-Seiten. Am frühen Nachmittag landet Joschka Fischer in Brüssel. Bis dahin hat er den Plan für eine gemeinsame EU-Außenpolitik entworfen: Eine DIN-A4-Seite. Vor der EU-Kommission hält er eine Rede mit interessanten neuen Wörtern drin, die er sich letzte Nacht ausgedacht hat, z.B.: „Verstetigung der multilateralen Friedenskonsolidierungsmaßnahmen." Sieben Simultanübersetzer kriegen gleichzeitig einen Nervenzusammenbruch. Um halb fünf trifft sich Joschka Fischer noch auf ein Wasser mit Roman Prodi; es geht darum, ob er ihm einen Job besorgen kann, falls Rot-Grün scheitert. Joschka Fischer lässt seine Bewerbungsunterlagen da: 487 DIN-A4-Seiten plus ein Lichtbild 3 x 4 Zentimeter.

Halb sechs gehts zurück nach Berlin, um acht muss Joschka Fischer sich mit den Spitzenpolitikern der Grünen zu einer geheimen Sitzung treffen. Angesagt haben sich Kuhn, Roth, Trittin, Schlauch und Künast. Joschka Fischer kennt keine Sau von denen. Ort des Treffens: Der Kurdische Hof in Kreuzberg. Thema des Abends: Wahlkampfstrategie 2006. Claudia Roth kennt eine super knuffige Werbeagentur in Reutlingen, nur allein erziehende Frauen, die würden günstig eine Kampagne stemmen. Joschka Fischer sagt, dass er genau 49 Minuten Zeit hat für das Meeting. Rezzo Schlauch schlägt vor, erst mal allgemein über das Thema zu reden. Noch 38 Minuten. Jürgen Trittin geht pissen und kommt nicht zurück. 24 Minuten. Renate Künast bestellt einmal Fallafel mit Kichererbsenpampe, 16 Minuten, Fritz Kuhn hat schon gegessen und findet es Scheiße, dass man nicht vorher darüber diskutiert hat, ob

man sich hier zum Essen trifft oder bloß auf 'ne Schorle. 1 Minute. Joschka Fischer steht auf, gibt jedem noch eine Autogrammkarte und verschwindet.
Um 20 Uhr 51 ist Joschka Fischer bereits auf dem Weg ins Kanzleramt. Auf dem Rücksitz krickelt er den zweiten Nahostfriedensplan des Tages auf einen Bierdeckel – nur so als Gehirntraining.
Um 21 Uhr ist Krisensitzung beim Bundeskanzler: Eichel muss weg. Schröder fragt, wer den Job jetzt machen soll. Joschka Fischer sagt, dass er gerade in einer Kreuzberger Kneipe ein paar lustige Leute kennen gelernt habe, die könnte man nehmen – leider habe er die Namen vergessen. Die anderen beachten ihn nicht und drehen eine leere Cognacflasche auf dem Tisch. Bei Struck bleibt die Flasche stehen. Alle lachen sich kaputt. Joschka Fischer kapiert nicht, um was es geht, er hat in der Zwischenzeit den konkreten Ablauf der EU-Osterweiterung bis Usbekistan und die damit verbundene Umstrukturierung der gemeinsamen Außenpolitik auf Schröders Tischplatte gekritzelt.
Kurz: Es läuft alles darauf hinaus, dass Joschka Fischer sagt, wos langgeht.
Um 23 Uhr sind alle schon ziemlich angeschiggert. Struck musste eine Runde schmeißen, und Stolpe hat mit verstellter Stimme anonym bei Eichel angerufen. Er muss es ja nicht unbedingt aus der Zeitung erfahren. Keinem ist aufgefallen, dass Joschka Fischer schon längst gegangen ist.
23 Uhr 5 liegt er in seinem Bett in Tegel. Um einzuschlafen denkt er sich noch einen Nahostfriedensplan aus, dann beginnt er mit seinem unterbewussten Lauftraining. Von außen sieht es so aus, als ob Joschka Fischer schläft. Aber das täuscht.

Neue Vorgartenplage: Albino-Maulwürfe.

Ein deutscher Hoffnungsträger

Der Unproduktive

Der Arbeitslose ist eine faule, chipsfressende Sau. Zu blöd, um in der Frittenbude die Kotze aufzuwischen.
Das mag ja alles sein, aber er dreht immerhin Däumchen zu Hause und schadet nicht noch zusätzlich dem Gemeinwesen durch seine Beklopptheit. Denn nicht die viereinhalb Millionen Unproduktiven sind das Problem dieser Gesellschaft, sondern die 15 Millionen Kontraproduktiven, die man quer durch alle Branchen in dieser Republik antrifft! Ihr einziges Know-Wow ist das Wissen um die eigene Beschränktheit, deshalb giften sie gegen jeden Kompetenten, der ihnen womöglich den Platz an der Heizung streitig machen könnte.
Am üppigsten gedeiht die normale Sozialstaatszecke in Verbänden, Gremien, Anstalten, Kammern, Beiräten, Gewerkschaften, Kirchen und wie die Eierschaukler-Paradiese sonst noch heißen. Da verwesen sie bei lebendigem Leib und überlegen sich mit ihrem noch aktiven Resthirn, wie man die Wertschöpfungskette torpedieren kann. Ihr Feind ist alles Lebendige, Fließende, Verändernde. Allein von der Verwaltung und Betreuung der Arbeitslosigkeit nähren sich mittlerweile so viele Parasiten, dass deren Reduktion oder gar Abschaffung ein Desaster im Zeckenpack auslösen würde. Niemand käme auf die Idee, eine Kommission aus beamteten Scharfrichtern über die Todesstrafe urteilen zu lassen. Im Gesundheits-, Renten- oder Sozialsystem stimmen hingegen die Maden über die Wiederbelebung der

Leichen ab. Die kontraproduktiven Schmarotzer haben überall vorgesorgt und Metastasen in die Gesetzgebungsorgane vorangetrieben. Dreiviertel aller Abgeordneten hat eine Zeckenvergangenheit oder -gegenwart. An den langen Marionettenfäden ihrer Hauptquartiere werden sie durch die Fährnisse der sich verändernden Welt geführt und sorgen dafür, dass alles so scheiße bleibt, wie es ist. Doch was für den einen scheiße ist, ist für die Sozialstaatsmade der ideale Lebensraum.
Drum lob ich mir den Arbeitslosen. Für relativ bescheidenes Salär hält er sein Maul und andere jedenfalls nicht von der Arbeit ab. Warum er sich allerdings noch von den Gewerkschaften vertreten lässt oder gar im Staate noch Hoffnung auf die Beendigung seines Schicksals setzt, das bleibt wohl auf immer ungeklärt.

Der Schlimmste aus dem dreckigen Dutzend

Februar

Ein Monat, der genauso klingt wie das in ihm vorherrschende Wetter. Man schüttelt sich schon beim Aussprechen. Alle Unbill des Jahres hat sich in ihm versammelt: Der Karneval, diese Schande für das ganze Menschengeschlecht, hat sich ausgerechnet den unwirtlichsten Monat des Jahres ausgesucht, um draußen auf der Straße rumzukrajohlen. Neben vielem anderen ein schlagender Beweis dafür, dass besonders der Rheinländer schwer einen an der Waffel hat.

Tückisch am „Hornung“, wie die alten Deutschen nicht weniger abschreckend den Februar nannten, sind besonders die schönen Tage zwischendurch. Da suggeriert die Bestie ein aufkeimendes Frühjahr und will uns vergessen machen, dass mit März, April und Mai noch drei weitere Monate Feuchtbiotop auf uns warten. Einzig der Cabriofahrer oder Biker ohne Saisonkennzeichen kann während dieser raren Lichtblicke allen anderen zeigen, was für erbärmliche Weicheier sie doch sind.

Auf ganz andere Weise wirft der Sommer seinen bösen Schatten voraus: In den Zeitungen und Magazinen häufen sich im Februar die Artikel mit den sonnigen Reisezielen, und damit reift auch die Angst, dass man seine Winterwampe nicht mehr lange unterm Norwegerpullover verbergen kann. Verdammich! Flugs zum Fitnessfritzen und die Radikalkur gebucht. So genannter „Salat“ (Alibigrünzeug mit viel Olivenöl, Nüssen, Putenfleisch und Fladenbrot: 3000 Kcal) beherrscht fortan den Speisezettel, manchmal auch nur zusätzlich zur normalen Mastspeise. Dem Salat an sich wird ja im Deutschen eine geradezu mystische Kraft zugesprochen. Er ist gesund, ist Ausweis modernistischer Weiblichkeit und macht angeblich schlank. Was Wunder, dass im Februar die Salatfresserei geradezu epidemisch um sich greift. Wenn unserer vernieselten Seele noch nach Grünkohl mit fetten Würsten ist, mümmeln die Entscheider und Gutausseher schon wieder Salat.

Auch das werfe ich dem Februar vor. Mir komplett unverständlich ist auch, warum die blöde Amsel schon wieder das Maul aufreißen muss. Es ist kalt, dunkel und feucht – doch wer tiriliert um halb sechs in der Grünfläche rum? Kollege Singdrossel, der Rheinländer unter den Piepmätzen. Der Schneepflug steht noch nicht kalt in der Garage, schon fängt der Lärm im Gebüsch wieder an. Manchmal ist auch der Winter noch mal kurz zu Gast im Februar, dann gehts dem gefiederten Sänger aber an den Kragen, und auf der Autobahn hauts den Sommerreifen-Fanatiker an die Planke: Ätsch! Ja, auch der Tod ist gern zu Gast im feuchtfröhlichen Februar; genau wie im November, seinem zweiten Lieblingsmonat. Allerdings senst er zu Jahresbeginn hauptsächlich die jungen Jahrgänge um – am Straßenrand oder auf der Piste. Im November mäht der Schnitter im welken Laub, das dann den Tiefpunkt seines Lebensmutes erreicht hat. Obwohl der Februar ähnlich zu Depressionen Anlass gäbe, grünt die Lebensendfigur erstaunlicherweise wieder durch und pfeift mit der Amsel am Fenster des Seniorenheims ihr Lied. Auch das ist der Februar, und wenn wir dereinst in Petrus' Wartezimmer einrücken, werden wir froh darüber sein.

Zicken auf 230 Volt

Die Eitelkeit der Geräte

Niemals, wirklich niemals solle man die Suppe auf dem Herd unbeaufsichtigt vor sich hin simmern lassen, riet schon Omas altes User-Manual. Denn sobald der üble Bauknecht die Tür ins Schloss fallen hört, legt er noch 'ne Kilowattstunde nach und schmort den Topf zu Brei. Auch die Waschma-

Neues EU-einheitliches Verkehrszeichen: Vorsicht! Lkw-fressende Schlingpflanzen.

schine liebt die Gesellschaft des Menschen. Nur zu gerne rächt sie sich mit Überschwemmungen, wenn sie allein in der Wohnung arbeiten soll. Das alles kommt gelegentlich vor, doch insgesamt sind die alten Geräte treue Vasallen, die uns nicht mit ihren Eitelkeiten auf den Zünder gehen.
Anders ihre Vettern aus der elektronischen Neuzeit. Der Drucker z.B., dieses blöde Schwein, nutzt jede Unaufmerksamkeit seines Herrn, um frech zu werden. Sechzig Seiten müssen ausgedruckt werden, eine schöne Gelegenheit, mal dem ausführlichen, Lektüre unterstützten Stuhlgang zu frönen. Zweihundert Blatt Papier in den Einfüllschacht getan, den Tintenstand überprüft und auf „Drucken“ geklickt. Unterwürfig fängt der Schleimer an zu sirren, und die erste Seite verlässt anstandslos den Ausgabeschlitz. „Recht so“, murmeln wir zufrieden in den Bart, schnappen uns die Dieter-Bohlen-Autobiografie und verschwinden aufs WC. Doch kaum schickt sich die erste Analfrucht an, das Rektum zu verlassen, kaum haben wir eine schweinische Stelle bei Penisbruch-Dieter gefunden, da fiept es aus dem Arbeitszimmer, als würde ein Rehkitz über die Sense balbiert. Die Hose auf halb acht, stürzen wir wutentbrannt zum Drucker. Der lässt uns über seinen blöden Freund, den Rechner, mitteilen, es sei kein Papier in ihm drin. Überflüssig zu sagen, dass von den zweihundert aufmunitionierten Blatt noch ca. 198 vorhanden sind. Darum gehts der Kanaille auch gar nicht. Sie will lediglich, dass man ihr beim Werkeln zuschaut. Dazu hat sich das elektronische Kroppzeug allerlei Schikanen überlegt: „Unbekannter Fehler 3498“, „Überprüfen Sie, ob der Strom angeschlossen ist“, „Spermen Sie bitte auf die Escape-Taste“. Da nützt es auch nichts, sich auf leisen Sohlen aus dem

Raum zu stehlen. Die Sausäcke kriegen alles mit und treiben bei Abwesenheit sofort ihren Schabernack. Blink. Fiep. Fehler 3498. Selbst so einfache Anforderungen wie „Abschalten“ auf Befehl befolgen die Mistviecher besonders dann äußerst ungern, wenn man dringend den Flug in den dreiwöchigen Urlaub erreichen muss und draußen das Taxi wartet. Zack, hängt der Cursor fest und rührt sich nicht. Mutige reißen dann kurzerhand den Stecker aus der Dose und zeigen, wer hier der Herr im Hause ist. Doch drei Wochen später, wenn man ihn wieder anschaltet, den nachtragenden Drecksack, rächt er sich: „Das Gerät wurde beim letzten Mal nicht ordnungsgemäß ausgeschaltet, bitte formatieren Sie die Festplatte neu.“ Natürlich könnte man jetzt in den Schuppen gehen, den Fünf-Kilo-Hammer holen und dem Naseweis eins über den Bürzel ziehen, dass die Platinen durch die Stube fliegen. Interessiert so'n Gerät aber gar nicht, dem ist es scheißegal, ob es lebt oder kaputt ist. In dem Punkt sind sie nämlich gar nicht eitel und uns bis in alle Ewigkeit überlegen.

Straßenbegleitimperative zum Kuscheln

Die neuen Schilder

Der Mensch tut gern das, was er nicht darf. Überall reinlatschen, alles zumüllen und während der Mittagsruhe vorm Altersheim den Auspuff abschrauben. Und weil die meisten zu dämlich sind, aus sich heraus ihr Verhalten sozialverträglich zu gestalten, erfand der Staat die Schilder: „Rasen betreten verboten“, „Nicht in den Wald scheißen“, „Ausfahrt freihalten“. Eindeutige Befehle, die selbst der Blödeste mit etwas Nachdenken begreifen konnte.

Nun kam aber die neue Freundlichkeit über dieses Land und verschwiemelte den einfachen Schilderbefehl: „Nehmen Sie bitte Rücksicht auf Anwohner“ steht am Eingang des Biergartens, und man weiß gar nicht mehr, was von einem verlangt wird. Keine Scheiben einschlagen? Nicht in die Hauseingänge kotzen? Was denn nun? Die normale Großhirnrinde war mal wieder überfordert und ließ komplett orientierungslos die Sau raus.

„Bitte verlassen Sie diesen Raum so, wie sie selber ihn vorzufinden wünschen“ – ein Klassiker unter den total überfordernden Schilder-Anweisungen. Wie naiv muss man sein, um den Hygienemaßstab einer öffentlichen Bedürfnisanstalt an den persönlichen Vorlieben ihrer Benutzer zu formulieren. Ein deutliches „Nicht neben die Schüssel kacken“ wäre nach meinen Erfahrungen auf Autobahnparkplätzen angebrachter gewesen.

Aber es sollte noch schlimmer kommen! Das Schild im Samthandschuh steigerte sich in eine vorweggenommene Dankbarkeits-Suada hinein: „Danke, dass Sie das Geschirr abgeräumt haben!“ Wieso, hab ich doch noch gar nicht! Und jetzt, so meldet sich sofort der innere Anarcho, mache ichs erst recht nicht, ätsch! „Diese Baustelle besteht bis zum Jahre 2012. Vielen Dank für Ihr Verständnis“, buhlt das Autobahnschild um den geneigten Stauinsassen, der vor Wut ins Lenkrad beißt. „Willkommen auf dem Nichtraucherbahnhof Köln“, trällert die Ansageschlampe nach Einfahrt des ICE, um

Gabs günstig bei OBI.

auf die ganze fiese Art mal gleich klarzustellen, was den Bahnsteig-Quarzer hier erwartet. Und – was erwartet uns bei der nächsten Stufe der Freundlichkeitsoffensive?: „Wir lieben Sie, wenn Sie Ihr Fahrrad nicht an die Mauer lehnen." – „Dies ist eine Vergewaltigung. Vielen Dank für Ihr Verständnis!"

Politisch korrekt saufen

Die Schorle-Leute

Mit dem Beginn der Sommerzeit erwacht ein Menschenschlag aus dem Winterschlaf des Teetrinkens, der von nun an die Außengastro der Innenstädte verklumpt: die Schorle-Leute sind wieder da. Alles in ihrem Leben ist halb – geradeso wie ihr Lieblingsgesöff aus gestrecktem Weißwein: Auf die Vollkornschrippe streichen sie die Halbfettmargarine, zur Not gibts mal 'nen entkoffeinierten Milchkaffee, und wenn überhaupt wird Marlboro Ultra geraucht. Bloß nicht die volle Dröhnung an den zarten Körper ranlassen. Bei dessen steter Reparaturanfälligkeit gibts deshalb auch bloß den halben Kram vom Homöopathen. Hat den Halbmenschen dann doch mal eine handfeste Infektion aus dem Verkehr gezogen, nimmt er Antibiotika höchstens auch als Schorle, indem er die Hälfte wegwirft. Gerne wirkt der Homo schorliensis auch in fettreduzierten Berufen wie Lehrer oder anderem Sozialgehampel. Nicht zu verwechseln ist er mit den Light-People, die der Härte ihrer iMac-Jobs durch aggressives Gesundsein entgegentreten. Die Schorle-Leute sind von

Natur aus schissig. Bei allem was sie tun im Leben regiert die nackte Angst vor dem Unvorhersehbaren: Sie kriegen keine Kinder, sondern „planen" ihren Nachwuchs, sie haben keinen Sex, sondern eine „erfüllte Beziehung", sie hauen nicht mal auf die Kacke, sondern haben „tolle Gespräche". Bei ihren Partys stehen alle in der Küche herum, mit dem Arsch an den Nudelsalat gelehnt, und freuen sich auf halb elf, wenn sie nach Hause dürfen. Aus dem Fußballstadion verschwinden sie schon zur Halbzeit, um nicht in den Abreisestau zu geraten. Eine Halbtagsstelle steht an erster Stelle auf der Wunschliste für das persönliche Glück. Das Schorletum ist die bewusste Verneinung des Lebens in seiner Ganzheit.

Schon das Mittelalter kannte unter dem abwertend gemeinten Begriff „Schorlemorle" das verhängnisvolle Mischgetränk aus Weißwein und Wasser. Über die Jahrhunderte sind ähnliche Wörter mit Binnenreim bezeugt, wie etwa Muckefuck, die stets ein verfälschtes oder gestrecktes Lebensmittel bezeichneten. Erst in unserer Zeit legte der Begriff unter Weglassung seines zweiten Wortbestandteils den negativen Beigeschmack ab. Die Schorle wurde zum akzeptierten Getränk der halben Leute. Auch ihr Kollege aus der Welt des gepanschten Bieres, das Alsterwasser, verlor den zweiten Teil des Wortes und erinnert heute nur noch den Hamburger Eingeborenen an die brackige Schlempe seines City-Tümpels. Während andere sommerliche Alk-Mixturen wie Weizenbier-Bananensaft oder Altbier-Cola nie ihren Gruselfaktor ablegen konnten, erreichte die Schorle den Rang des Akzeptierten, wenn nicht Erhabenen. Man denkt dabei nicht an gepanschten Wein, sondern an die vollkommene Vermählung zweier wertvoller Bestandteile. Aus diesem Selbstverständnis der größeren Kultiviertheit heraus, bestellt der Schorle-Mensch auch immer als Letzter in geselliger Runde. Nachdem der doppelte Whisky, das große Pils und der halbe Liter Rioja geordert wurden, fiept es der dahinschwindenden Bedienung hinterher: „Für mich eine Schorle." Und um die Kultiviertheit noch unerträglicher zu machen, folgt nicht selten: „Aber bitte mit einem trockenen Weißwein."

Kühlregal der abgelaufenen Liebe

Du und die Wurst

Wenn der Tag mit einem Anschiss anfängt, dann weißt du, dass du nicht allein bist auf der Welt. Neben dir, oft in derselben Wohnung, gibt es eine riesige sprechende Wurst, die der Teufel gesandt hat, um dir in jeder Minute deines kleinen Lebens dessen Erbärmlichkeit vor Augen zu führen. Du und die Wurst, ihr habt euch mal geliebt; für einen winzigen Moment habt ihr damals vergessen, dass unter der glänzenden Pelle der Knorpel, die Fettplocken und der Ekel wohnen. Jetzt seid ihr z.B. verheiratet, du und die Wurst, das Fett quillt in der Mitte hervor, und jeder Tag beginnt mit einem Anschiss. Die Wurst stellt die immergleichen Fragen: „Wie oft soll ich dir noch sagen ..." Du kennst die Antwort, doch niemand will sie von dir hören. Die Wurst springt schon am frühen Morgen in der Wohnung hin und her, sie räumt, sie lärmt, sie will, dass du Dinge tust, die du verabscheust:

aufstehen, im Bett nicht rauchen, vor acht Uhr in ganzen Sätzen reden. Und was sie ganz doll will, ist, dass du dich verpisst – ins Büro, aufs Arbeitsamt, an den Altglascontainer, zu deinen Freunden – völlig egal, Hauptsache raus aus der Wohnung. Denn wenn du weg bist, beginnt das geheime Leben der Wurst: Sie ruft andere Würste in anderen Wohnungen an, raucht dabei bunte Leichtzigaretten und spricht von Dingen, die du deinen besten Freunden nicht erzählen würdest. Es geht zum Beispiel um deinen Penis und was aus ihm geworden ist in all den Jahren. Gut, dass du nichts davon weißt. – Am späten Nachmittag darfst du in deine Wohnung zurück, deine Schuhe musst du auf dem Bürgersteig ausziehen, deine Hände draußen im Goldfischteich waschen – dann erst darfst du rein und dich zum Hund aufs Sofa setzen. Jetzt spricht die Wurst nicht mehr mit dir, sie will jetzt andere Würste im Fernsehen beobachten – wie sie erfolgreich eine Modefirma leiten oder junge Liebhaber im Urlaub vernaschen. Im Wurstfernsehen kommst du nicht vor, da gibt es keine schlaffen alten Säcke mit Schrumpelgenitalien. Da sind die Männer auch in deinem Alter noch attraktiv. – Vor den Tagesthemen geht die Wurst ins Bett, um Kräfte zu sammeln für den Anschiss am anderen Morgen. Du sitzt noch eine Stunde auf dem Sofa und kraulst dem alten Hund das räudige Fell. Schön, wenn man nicht allein ist auf dieser Welt.

Wenn die Sprache Tollwut kriegt

Veitstanz in der Kreissparkasse

Durch die Entwicklung auf den Finanzmärkten sind weite Teile der potenziellen Kundschaft zusehends verunsichert. Fakt ist, dass effektive Lösungen im Bereich Vermögens-Management wieder häufiger unter der eigenen Matratze gesucht werden. Das „Portfolio in der alten Socke“ (PidaS) gilt selbst unter Börsianern als Geheimtipp. Ziel von *Customers Challenge Two Double O Two* (CuCha2004, CCTDOT) ist es, die zentralen Felder des *Finance-Optimising* und *Currency-Floating* zurück ins MMC (Money Management Center, vormals Sparkassenzweigstelle) zu holen. Dazu muss der *PidaS-User* wieder zu einem *MMC-Customer* (MMC-C) werden.

CCTDOT ist hervorgegangen aus dem Verkaufsteigerungsprogramm (VSP1) des Sparkassen- und Giroverbandes für Ganzdeutschland (SuGVfGD) und einer Reihe von Tierversuchen am Zentrum für Primatenforschung der Nord/LB in Laatzen (ZENFÜPRIM N/LB). Zugrunde liegen dem Programm die vier Erfolgsfaktoren systematischer Re- und Akquisition von Alt- und Neukunden:

- Niederschwelliger Marktauftritt (Low-Level-Performance, LoLeP)
- Individualkundenorientierung (Eye-to-eye-communication, Etec)
- Rudelzugehörigkeitsvertrauen (Piss-and-smell-identification, Pasi)
- Fokussierte Beratungskompetenz (Targeting-and-coaching-competence, TaCC)

Im Einzelnen bedeutet das für den *Customer's Consultant* (CuCo) nach der Methode CCTDOT:

LoLeP:

Das MMC ist in die *Urban Area* (UA) des customers unauffällig zu integrieren (Camouflage-building-concept, CBC).

Beispiel: *Auch sozial schwache Areas bieten ein lohnendes Akquisitionspotenzial. Die Bewohner können durch Schwarzarbeit, Kleinkriminalität oder Sozialbetrug einige Gelder angehäuft haben, die auf ein überzeugendes Finance Management Concept (FMC) warten. Das LoLeP-CBC ebnet durch einen bescheidenen Marktauftritt die Kontaktschwelle (Contact Swallow). Eingepasst in die UA erscheint das MMC als leicht verwarzte Spekulantenbude (light Dermatoid Speculation corner) mit einem CuCo in lässiger Freizeitkleidung (Underdog Casual Wear) in fröhlichen Farben (Ballon Silk Suite).*

Etec:

Der CuCo sucht im direkten *contact* mit dem *customer* den individuellen *eye-to-eye-meetingpoint.* Contact-Keywords wie „Guten Morgen" oder „Wie gehts, altes Haus", im Einzelfall auch in der Muttersprache des *customers* (Buenos-Dias-Baracke), sind bewährte Türöffner (Traditional Door-openers) in der First-contact-theory nach Professor Katzenschneider.

Beispiel: *Ein Obdachsuchender oder Student (Low-profile-customer, LPC) betritt das MMC und geht Richtung Cash Counter („Stütze abheben"). Auch diese eindeutige Low-profile-situation kann durch Etec in ein FMC-Meeting* *erweitert werden. Um die LoLeP anzupassen, kippt sich der CuCo eine Messerspitze Senf oder Ketchup auf den Schlips (strategic-outfit-destroying, SOD) und spricht den LPC direkt an: „Ey, Alten! Haste dir schon mal 'nen DekaFond reingezogen?“ Die darauffolgende direkte Etec registriert anerkennend die versiffte Krawatte aus dem SOD, und es folgt Punkt drei im LPCC (low-profile-customers-contact): die Pasi.*

Pasi: *Piss-and-smell-identification* ist nicht nur im Tierreich (Kingdom of Animals, KoA) eine beliebte Methode (method, M), um die Rudelzugehörigkeit (Pack-membership, PM) eines Artgenossen (Communist of Art, CoA) festzustellen. Auch MMC-Cs erkennen „ihren“ CuCo am Geruch. Nur „wenn die Chemie stimmt“, werden Finance-Deposures (Einzahlungen, Ezn) angstfrei getätigt. Der CuCo sollte deshalb vor dem Markieren der Consulting-area (CA) durch eigene Körperausscheidungen nicht zurückschrecken (Tafelgeschäfte, TGs). Sofort stellt sich beim *customer* ein olfakorisches Heimatgefühl ein, und sämtliche Poren öffnen sich für ein ganz spezielles *Money consulting* (Mc), das TaCC.

TaCC: Target and Coaching Competence meint nach der Methode (method, M) CCTDOT, dass der *customer* targetgerecht gecoacht wird, mit anderen Worten (words, Ws): Target und Coaching müssen Hand in Hand (hand in hand, HiH) gehen, und dem *customer* wird ein Paket ganz speziell auf ihn zugeschnittener Finance-Level-Optimising-Products (FLOPs) an die Hand gegeben.

DAS WICHTIGSTE ZUSAMMENGEFASST:
(the most important in a second)

Markterfolg im Vermögensmanagement basiert auf umfassendem Konzept und klaren Erfolgsfaktoren!
Das Konzept heißt CCTDOT und wird bei den Mitgliedern des Sparkassen- und Giroverbandes für Ganzdeutschland eine neue Ära der gesteigerten Produktivität (Mounted Money Making, MMM) einleiten.
Auch DU bist gefragt, deine Kompetenz (competence, ©) und dein Geruch (rotten smell, RS) entscheiden mit, ob das nächste Jahr für uns alle ein erfolgreiches Jahr sein wird.
Make the customers satisfied! (Mtcs!)

Zeitgemäß angepflaumt

„Ey, du Kassenpatient!"

Nach „Arbeitsloser" und „Scheinasylant" hat ein weiterer Begriff aus der rauen bundesrepublikanischen Wirklichkeit Einlass in die Welt der Schimpfwörter gefunden: „Kassenpatient." Der Volksmund bewertet damit instinktsicher die gesellschaftliche Stellung behandlungsunwerten Lebens. Egal, wie die so genannte Gesundheitsreform auch en detail ausformuliert wird, die volle Breitseite trifft den Bodensatz in AOK und Ersatzkassen. Nachdem sich Junge und chronisch Gesunde zu den Privaten verpisst haben, bleibt den

Badezimmer Modell Hartz IV.

Gesetzlichen nur die Resteverwertung: Siechende und Süchtige, Geronten und Gelähmte. In deren Logik liegt zudem begründet, dass sie auch noch weniger in die Solidargemeinschaft einzahlen. Neben den Tod als natürliches Ende eines Versicherungsgegenstandes wird bald der wirtschaftliche Totalschaden treten. Lohnt sich noch der Helicopterflug, wenn bei Omma Krause die Pumpe den Dienst versagt? Müssen auch Kassenpatienten unbedingt in den Kernspintomografen geschoben werden? Vertraut man bei diesem robusten Menschenschlag nicht besser auf die Selbstheilungskräfte der Natur?

Je öfter die Politik sich gegen den Vorwurf vom Zweiklassensystem wehrt, desto mehr ist er Wirklichkeit geworden. Selbst das von der Fielmann-Forschung überwunden geglaubte „Kassengestell" wird wieder auferstehen, das „AOK-Gebiss" kehrt zurück, die schlackernde „Kassenhüfte", die Glasaugen und leeren Ärmel gehören bald wieder zum Straßenbild. Während die Besserverdiener ihren Body durch ständige Operationen dem ästhetischen Leitbild angleichen können, dürfen sich die Bedürftigen nach Anleitung im Internet den Bypass selber legen. So driftet die Gesellschaft auch optisch immer mehr auseinander. Die Reichen sind die Schönen und die Armen sehen einfach scheiße aus. Je weiter plastische Chirurgie und Prothetik voranschreiten, desto brutaler wird es für jene, die ihrer nicht teilhaftig werden. Aber auch innen drin siehts finster aus. Während sich der Tycoon ein Herz nach dem anderen in die Brusthöhle schiebt, steigt der Lehrling mit dem Organspenderpass im Portemonnaie auf sein gammeliges Moped und wird platt gefahren.

Da muss man sich doch fragen, warum die armen Bevölkerungsschichten das Wertvollste, das sie besitzen, zum Nulltarif abgeben sollen. Warum nicht schon zu Lebzeiten für das Herz, die Nieren oder den andern Kram 'ne schöne Stange Geld einstreichen? Wenn das Gesundheitssystem schon nach wirtschaftlichen Gesichtspunkten reformiert werden soll, dann bitte aber auch richtig. Mit den Mücken für das Gekröse kann sich der zukünftige Spender doch während der Wachphase seines Körpers 'ne blitzsaubere Hüfte leisten. Schon jetzt liefern die Armen dieser Erde die Ersatzteile für die kaputten weißen Körper. Schweinerei! Urwalddoktor und Generica sind doch nicht halb so teuer wie ein durchreparierter Korpus in Weißi-Land. Auch hier wollen die Organgeber am Profit partizipieren.

Und so sieht dann das reformierte Gesundheitssystem aus: Die Versicherung leistet eine Wette auf den Kunden, je höher das Krankheitsrisiko, desto höher die Beiträge. Gemindert werden können diese wiederum durch die Abgabebereitschaft von Körperteilen im Entnahmefall (früher „Tod" genannt). Je höher wiederum die Chance auf den Entnahmefall ist (junger Tod durch Morbus kawasaki), desto geringer sind die Beiträge. Denkbar wären auch Sachleistungen oder eine Tauschbörse: Gibst du mir eine Niere oder dein Knochenmark, erhältst du einen Gutschein für eine schicke Zahnprothese oder einen Freiflug ins Herzzentrum. Hat sich das ganze System erst mal eingespielt, wandern die Organe an die Warenterminbörse in Hannover, und das Hundert Herzen wird genauso gelistet wie der Sattelzug voll Schweinehälften. Die einstmals Gebeutelten des Gesundheitssystems bekommen ein neues Selbstbewusstsein als wichtige Rohstofflieferanten, und das böse Wort vom „Kassenpatienten" gilt nicht mehr.

Riskant durchs Versagerland

Gefahrvolle Berufe

Durchgeschwitzt erwachte ich aus meinem Tagtraum. Ich hatte mit einem 5-Kilo-Hammer das Teledat X120 auf dem Hof zerschlagen und ein verirrtes Plastikschrapnell traf einen zufällig vorbeiradelnden Telekom-Mitarbeiter tödlich am Kopf. Schlagartig wurde mir klar, in welcher Gefahr sich mittlerweile einige Berufsgruppen in diesem Lande befinden. Nicht mehr Polizisten und Feuerwehrleute sind vom jähen Dahinscheiden unter Ausübung ihrer Tätigkeit bedroht, sondern scheinbar harmlose Dienstleister, die blöderweise bei einem der im Volke verhassten Schweineläden angeheuert haben: Der bedauernswerte Zugbegleiter, den die Durchsage von der dreistündigen Verspätung ungeschützt in der zweiten Klasse ereilte und der in logischer Konsequenz von den DB-Gefangenen erdrosselt wurde. Den Kurierfahrer zerteilte ein Mann mit der Axt, als er ihn dabei erwischte, wie er den gelben Zettel ohne Zustellversuch in den Briefschlitz schob. Einer investigativen Gruppe mündiger Steuerzahler gelang es sogar, die Adressen von Finanzbeamten herauszubekommen und deren Rasenmäher zu vergiften. SPD-Mitglieder verfeuern zu Tausenden ihre Parteibücher im skandinavischen Dekokamin. Ja, selbst der Kanzler klagte schon über Drohbriefe an seine Heimatadresse.

Was soll aus diesem Land noch werden, in dem die schlimmsten Schergen nicht in Ruhe ihrer Arbeit nachgehen dürfen? Schon sieht man Leute, die draußen vor den Call-Center herumschleichen, um den armen Menschen aufzulauern, von denen sie in 0190er-Fallen gelockt wurden. Bauarbeitern, die mitten auf der Straße unschuldig Blumenbeete aufpflastern, wird vorsätzlich eine Stelze abgefahren. Mit blutigem Stumpf schleppen sie sich zur Fußgängerbedarfsampel, nur um dort gänzlich platt gebügelt zu werden. Kampfpudel spielen in den Vorgärten mit GEZ-Fahnder-Teilen – sieht so das moderne Deutschland aus? Wann rollen die ersten Castor-Transporte nach Berlin, innen drin die komplette Bundesregierung auf dem Weg zu ihrer nächsten Sitzung? Es weht ein kalter Wind durch die Solidargemeinschaft.

Deutsche Helden

Otto Schily

Um 5 Uhr 45 klingelt der Wecker auf Otto Schilys Munitionskiste neben seinem Feldbett. Heute ist sein 70. Geburtstag, da will er sich ein neues Antiterrorgesetz gönnen. Doch erst mal wird gefrühstückt: Zwei Kommissbrote mit Ersatzmarmelade und ’ne Tasse Muckefuck. Otto Schily findet seinen Job eigentlich ziemlich klasse, trotzdem will er nicht weitermachen in der nächsten Legislaturperiode – na ja, mal sehen, vielleicht doch. Heute wird erst mal zugeschlagen. Seine Mitarbeiter haben ihm drei Gesetzesvorlagen in Geschenkpapier eingewickelt, er muss sich nur noch entscheiden und seinen Otto druntersetzen. In der ersten soll die Polizei mit Atombomben ausgerüstet werden, so genannten Urban Smart Weapens. Otto Schily

Schwartenköhler im Rehhagel-Wahn.

schmeißt den Vorschlag in den Papierkorb: „Dafür ist doch überhaupt kein Geld da." Der zweite klingt schon interessanter: Eine neue Eliteeinheit nur aus Russlanddeutschen, die Deutsch-Kasachische-Kampfhund-Truppe. Einsatzgebiet: An der Grenze zur Legalität. Otto Schily muss schmunzeln: „Die Jungs sind hart drauf und brauchen sowieso einen Job, na ja, vielleicht ist es besser, Beckstein macht das bei sich in Bayern, und ich geb nur das Geld." Der dritte Vorschlag dann gefällt ihm auf den ersten Blick: Auch deutsche Staatsbürger können abgeschoben werden. Fragt sich nur wohin. Egal, damit kann man sich immer noch befassen, erst mal sitzen die ja sowieso jahrelang in Abschiebehaft oder lungern im Kirchenasyl rum. Otto Schily setzt schwungvoll seinen Otto unter den Schriftsatz und ist gleich prächtig gelaunt. Er tritt vor die Tür und sieht eine Gruppe junger Türkenbengels, die gleichzeitig in dreimal so viel Handys brüllen. Otto Schily geht auf die Gruppe zu und sagt: „Prinz Eugen, der edle Ritter … Na, wie gehts weiter, hmh." Ferdinand Freiligrath, deutsche Hochkultur? Die Jungtürken überlegen, ob sie ihm gleich eine verpassen oder ihn zuerst nach Handys durchsuchen sollen. Otto Schily ist wieder mal bestätigt worden: Die deutsche Kultur geht den Jungimmigranten komplett am Arsch vorbei, sogar wenn sie selber drin vorkommen. Bevor er sich abwendet, ruft er ihnen noch die kompletten Verse zu: „Prinz Eugen, der edle Ritter! Hei, das klang wie Ungewitter weit ins Türkenlager hin."
„Der Assimilationsdruck muss unbedingt erhöht werden", denkt Otto Schily und hat sich auch schon eine kleine Gesetzesvorlage im Kopf zurechtgelegt. Damit die Grünen zustimmen, natürlich alles freiwillig. Dönerbuden,

die auch Bratwürste anbieten, kriegen günstige Gelder von der Kreditanstalt für Wiederaufbau. Ausländische Eltern, die ihren Kindern einen deutschen Vornamen geben, bekommen einen Empfehlungsgutschein fürs Gymnasium. „Die sollen sich mal nicht so anstellen", denkt Otto Schily, „die Wieczorek heißt schließlich auch Heidi und nicht Danuta." Er ist mittlerweile in seinem Ministerium angekommen, der Pförtner schlägt die Hacken zusammen, und Otto Schily unterzeichnet noch ein paar Antiterrorgesetzesvorlagen in der Pförtnerloge, während ein BGS-Mann die Ist- und Sollstärke des Tages im Ministerium meldet. Oben in seinem Büro guckt Otto Schily die Geburtstagskarten durch. „Sogar Horst Mahler hat geschrieben. Sieh mal an. Wenn se den als V-Mann enttarnen, kann ich den Verbotsantrag endgültig vergessen."

Seniorenheim auf Rädern

Rentner am Steuer

Was früher der Ariernachweis ist heute der Führerschein: Gilt auf Lebzeit und macht einen erst zum vollwertigen Mitglied der Gesellschaft. Auch wenn der alte C64-Rechner unterm Cordhut die Datenmenge nicht mehr so richtig voreinander kriegt, darf auch der 100-Jährige noch einen Testarossa über die Autobahn scheuchen. Dabei fangen die Probleme schon viel früher an: Ein Schaltwagen hat drei Pedale, ein Rentner aber nur zwei Füße.

Was nun? Es gibt sechs Möglichkeiten, zwei Sandaletten auf drei Pedale zu verteilen, und jede Bio-Rostlaube nutzt im Laufe seiner angejahrten Fahrpraxis alle sechs irgendwann aus. Um den letztlich unlösbaren Konflikt zu entschärfen, erfand der Mensch den Automatikwagen: zwei Trittflächen, zwei Rentnerschlappen: passt wie mein Mann seiner. Doch halt: Welcher Fuß auf welchen Tritt und welcher zuerst oder beide gleichzeitig? Und wo sind die blöden Pedale? Ein scheuer Blick in den Fußraum schafft da zwar Gewissheit, aber eigentlich sollte man beim Autofahren immer schön aus dem Fenster gucken – genau wie im Seniorenstift, ist doch ganz einfach zu merken. In der Regel findet sich auch Old-Falten-Face recht gut im Verkehr zurecht, besonders im Berufsverkehr, den er ohne Not, aber zielstrebig wie die Scheißhausfliege das Marmeladenbrot, täglich ansteuert. Mit 40 km/h schwimmt der Zitterrochen durchs Gewühl der City und hat alles im Griff, besonders das Lenkrad, an dem er sich im Sitz aufrecht hält. Sollte dessen eigentliche Funktion, die Richtungsänderung, mal vonnöten sein, greift der graue Fahrzeuglenker wie wild mit den Händen übereinander – so lange, bis ein unentwirrbarer Unterarmknoten entsteht. Sein größter Feind bleibt jedoch die Ampel, besonders wenn sie auf GRÜN steht. Eine Heidenangst erfasst den Zausel auf dem Veloursitz, denn er ahnt bereits, was kommt: Der Lichtsignalgeber springt demnächst auf ROT. (Die Gelbphase ist so kurz, dass sie von Menschen über 70 nicht mehr wahrgenommen wird.) Rentnergehirn gibt an Rentnerfuß den Befehl: Bremsen. Und weil es gilt, 1,60m Strecke bis da unten hin zu überwinden, ergeht der Befehl schon in der Grünphase, kommt dann doch schneller an beim Fuß, kurzes Anbremsen,

Rückmeldung an Gehirn: Ampel ist noch grün, Sandalette vom linken Pedal auf rechtes Pedal, Mist: Kupplung. Anderer Fuß von ganz links nach außen rechts. Gehirn meldet Ampel Rot, alle Füße zurück und zusammen auf mittleres Pedal, scheiße Gaspedal!!! (Klirr, schepper, krach bumm).

Walhalla als Preview

Oktoberfest

Jede Kleinstadt ist in blau-weißes Rautenmuster getaucht, und sogar die Altersheime feiern bayrisches Oktoberfest. Der Weißwurstäquator schiebt sich im Herbst bis zum Polarkreis vor. Nur der rheinische Irrsinn hat eine derart kulturimperialistische Kraft wie das bajuwarische Kampfsaufen aus Einmachgläsern.

Was wieder einmal mehr beweist, dass nur das wirklich Primitive und Bescheuerte in die Herzen des Volkes vordringt. Ganze Mammuts werden über offener Esse gegrillt, dazu geschälte Stoppelrüben geknabbert und die Gerstenjauche je hälftig in den Schlund und aufs Jacket gepladdert: „Jo mei, wenns Arscherl brummt, ists Herzerl gsund." Wer wollte dem widersprechen, und ab und zu braucht auch der Feingezwirnte seine atavistische Auszeit: Grölen, Saufen, Kotzen, Grabbeln und dann das Ganze wieder von vorn. Oktoberfest ist das kollektive Aufbegehren des Kleinhirns gegen die Vernunft. Scheiß vegetarischer Ökofraß, verdammter Nichtraucherterror, das gepflegte Glas Wein am Abend – heute einmal nicht, heute zeigen wir dem Trägermodul unserer Seele mal, wer hier der Herr im Hause ist. Fünf Liter Schlabberbier durchs System geprügelt, fettes Schweinefleisch, eine Luft wie kalter Furz im Aschenbecher: Herzinfarkt, du kannst mich mal. Auch die Erotik verabschiedet sich vom raffinierten Überbau, es zählen nur noch mörderische Masttitten und die dazugehörige Kruppe eines Brauereipferdes. Die Liesl, das Reserl, der Burgl: barockes Erotik-Urgestein und altdeutsche Wichsvorlage in geschnürtem Folklorefummel. Und was das Schönste ist, das sind mal Weiber, die ganz viel Bier auf einmal tragen können, quasi der Traum eines jeden Germanen, wenn er mal ganz tief in sich hineinhorcht. Das Oktoberfest ist wie seine Erfinder, die Bajuwaren, eben noch viel dichter dran an der alten Bärenfell-Romantik der Germanen. Hier muss man nicht wie beim Karneval sinnlos durch die Gegend latschen, sich saublöde Witze anhören und alberne Perücken tragen. Hier gehts ans Eingemachte: Das Tier muss mal wieder raus. Ozapft is!

Wenn der beste Freund schwul wird

Rasenmäher

Früher hatte der Mann immerhin *einen* Freund in der Familie, den Hund. Dieser war mannscharf, stank aus'm Maul nach Aas und wurde bei jedem Wetter draußen im Zwinger gehalten – ein echter Kumpel für echte Männer. Seitdem Golden Retriever und artverwandte Weicheier aus der

Christopher-Street-Day in Hannover.

Maragarinewerbung in die Familien eingerückt sind, hat der Mann dort keine Freunde mehr. Frau, Kinder und Köter bilden eine Eiapopeia-Wertegemeinschaft, in der ein Mann keine Heimat mehr findet. Nur da draußen im Garten zwischen den Sichtschutzelementen hat er noch einen echten Kumpel: den Rasenmäher. Der ist laut, stinkt und lässt sich von Frauenhand nicht starten. Er dient nicht der Hege und Pflege der weibischen Flora, sondern mäht sie nieder: ein echter Kerl eben. Sein vorsintflutlicher Motor ohne Kat ist dermaßen laut, dass man sich nicht dabei unterhalten kann. Hinterm Rasenmäher ist der Mann noch davor sicher, angesprochen zu werden. Allein mit seinem Kumpel zieht er Bahn für Bahn übers Grün, kann dabei seinen Gedanken freien Lauf lassen und vergisst für eine Weile das Vielsprechgerät in der Wohnung. Rasenmähen ist eines der letzten Alleinstellungsmerkmale männlicher Kompetenz im Haushalt, denn nur ER kann den launischen Drachen bändigen.
Und das Monster ist gefährlich! Mit einem Schlag seines rotierenden Messers kann es das wichtigste Organ einer Frau zerfetzen: den Fuß, den man doch so dringend braucht als Legitimation für den ständigen Schuherwerb. Ja, der Rasenmäher, und vielleicht noch der Holzkohlengrill – das sind die letzten wahren Freunde des Mannes in der unerträglich feminisierten Familie. Doch die Kohlenesse mit dem brennenden Fett aus Nackensteaks raffte schon der angeschwulte Elektrogrill dahin, nun hat es auch den Rasenmäher erwischt. Jüngst sah ich ihn in einer Anzeige, den „Leisemäher für eine neue Zeit“: Er hat ein Gehäuse mit integriertem Schalldämpfersystem, eine rückenschonende Fangkorbentnahme und ist durch seinen Pollenfilter

auch noch für Allergiker geeignet. Das Einzige, was ihm noch fehlt, diesem Golden Retriever unter den Schnittern, ist der Unterfahrschutz für Riemchensandalen. Wieder ist dieses Land um eine männliche Domäne ärmer geworden.

Bevor irgendwas passiert

Registrieren und Initialisieren

„Vor Inbetriebnahme des Wireless-Communication-Sets bxa 398 supercomfort lassen Sie sich bitte unter der Mail-Adresse www. wirelesscommunication.com/bxa398supercomfort_neu4-2002 registrieren, damit wir Ihnen Ihren persönlichen Zugangscode, Ihr Passwort und das aktuelle Upgrade zuschicken können."

Eine ganz normale Bedienungsanleitung aus der Abteilung für psychologische Kriegführung eines Elektronikherstellers. In schlichter Prosa handelt es sich um nichts Bedeutenderes als ein schnurloses Telefon. Das kann man natürlich nicht einfach in die TA.2a/b Komfort (Analogwandler) der Telekom reinfriemeln (was natürlich auch nur funktioniert, wenn das ISDN-Endgerät, in Telekom-Deutsch NTBA, entsprechend mit den Rufnummern initialisiert wurde). Oh nein, das bxa 398 will ja seinerseits erst mal initialisiert werden. Wobei das Zauberwort „initialisieren" heißt, dass werksseitig wichtige Einstellungen unterblieben, um sie dem Kunden aufs Auge zu drücken.

Warum machen diese bösen Menschen so was?, fragen wir uns wieder einmal, wenn wir das 130 Seiten starke „Manual“ interesselos durchstreifen. Um uns in die Registrierungsfalle zu locken! Denn nur dort erfahren wir die wichtigen Daten, die zur Inbetriebnahme führen. Warum man sich allerdings für jedes pissige Elektronikgerät registrieren lassen soll, eine Uzi aber auf jedem Schulhof kaufen kann, blieb uns bisher verborgen. Doch nur so lange, bis wir die entsprechende Seite im Internet öffnen und uns ein sechsseitiges Formular entgegendreistet. Darin wird minutiös unser Persönlichkeitsprofil in Relevanz zu unseren Kaufgewohnheiten abgefragt („Haben Sie elektrisch unterstützten Geschlechtsverkehr und welche Geräte bevorzugen Sie dabei“). Passwort, Code und sonstiger Reinkomm-Blödsinn wird nur dem zum Lohne gewährt, der alle roten Felder ausgefüllt hat. Und warum das alles? Um uns in den Genuss des aktuellen Upgrades gelangen zu lassen. Will heißen: Die gekaufte Krücke lag veraltet im Regal und wird erst beim und vom Kunden in ein funktionierendes Gerät verwandelt. Über die sich anschließenden Hürden nach vollzogener Registrierung und Initialisierung schweigt der Chronist an dieser Stelle, nur so viel sei verraten: Auf Seite 5 des Manuals lauert ein „Menübaum des bxa 398“ mit über sechzig einstellbaren Funktionen. Die Frage, die uns hier allein beschäftigt, lautet schlicht: Wann wurde, von der Menschheit unbemerkt, der Zenit der technischen Entwicklung überschritten? Wo lag diese zivilisatorische Wasserscheide, ab der alle Weiterentwicklungen nur noch in Richtung Wahnsinn führen? Wann muss ich mich als User meines Toasters registrieren lassen? Wann brauch ich drei Tage Urlaub, um mein Fernsprechendgerät zu installieren? Gibt es noch Hoffnung?

Kann man nix gegen machen

Männlicher Hang zu jungen Dingern

„Sex findet sowieso im Kopf statt!" Sicher, und die Willensbildung des Volkes in den Parteien. Wenn die begehbare Hülle des Weibes in die Endphase ihrer Attraktivität eintritt, so ist dies der meistgehörte Satz aus ihrem Mund. Ihr Mann, nein, der schielt nicht den jungen Füllen nach. Weil – und jetzt kommts noch doller – mit denen habe man ja keine gemeinsamen Themen. Hamwer gelacht! Auch Mister Supertreu schaltet sein U-Boot sofort auf Rotlicht, wenn attraktive Beute naht. Was ihn davon abhält, sofort den Torpedo auszufahren, sind mitnichten die fehlenden „gemeinsamen Themen", sondern erstens der Unwillen im Jungfleischsektor und zweitens der stärkste Trieb des Mannes: bräsige Gemütlichkeit. Von seinem Ehegerät könnte ihn schon der leiseste Auslösereiz fortlocken, doch von der häuslichen Pils-Rezeption am TV-Gerät – da bedarf es schon eines Orkans in der Prostata. Blöderweise leben Weib und Pils im selben Haushalt, und das eine ist nicht ohne die andere zu haben. Somit wird der alte Hahn zum Kapaun und lebt an der Seite seiner welken Legehenne friedlich dem Ende entgegen. Wenn jedoch der häusliche Faltenwurf die Basics männlicher Lebenserwartung nicht mehr garantiert und sich zum nörgelnden Walkie-Talkie entwickelt, dann schweifen nicht nur die Blicke über den ehelichen Beckenrand, sondern der Schweif selber. „Er hat sich eine Jüngere genommen", lautet dann das nächste Missverständnis männlichen Verhaltens. Was sonst, er ist ja nicht völlig bekloppt, aber das Alter spielt nur eine Nebenrolle. Männer wechseln die Frau ausschließlich in Richtung vermuteter Toleranz ihren eigenen Schrullen gegenüber. Nun hat die Natur es erfreulicherweise so eingerichtet, dass knackige Körper und naive Gemüter oft dieselbe Besitzerin haben. Ein Trottel, wer da nicht zugreifen würde, sobald sich die Gelegenheit bietet. Müßig zu bemerken, dass auch dieses Gespann dem Wärmetod entgegenwelkt. Aber immerhin gab es ein paar Jahre, in denen der Sex nicht im Kopf, sondern im Bett stattfand.

Die Entdeckung der Langsamkeit

Straßen

Wenn man durchs Land der Bekloppten fährt, könnte man annehmen, sämtlicher Bestand deutscher Restkinder würde ausnahmslos an Durchgangsstraßen aufgezogen. Überall hängen krakelige Schilder, auf denen in Fingerfarben vor kreuzenden Bälgern gewarnt wird. In Wahrheit haben die Anwohner natürlich gar keine Kinder, sondern lediglich kein Zeichentalent und einen Rochus auf den fließenden Verkehr. Wenn die Krickelkrackelnummer nicht zieht, wird schwereres Geschütz in die Fahrbahn geschoben: Blumenkübel, Bodenwellen, Pflasterkissen und verwandte Spoilerkiller. Das allerdings ist den verarmten Kommunen mittlerweile zu teuer, und nun reicht das Schild „30-km-Zone“. Bravo! Da zeigt sich endlich wieder die ganze Erbärmlichkeit des deutschen Charakters. In Großbritannien steht auf den Schildern „Drive slowly". Da traut man den Bürgern immerhin zu, selbst einschätzen zu können, was „slowly" ist und was zu „fast". Auf diese Weise als Mensch ernst genommen, ist der Brite dann auch eher gewillt, sich danach zu richten. Im Reich der kleinkarierten Untertanen dagegen lauert der Grünweiße mit der Laserpistole hinterm Blumenkübel, und wenn man mit 33,5 durch das Dreckskaff bügelt, muss die Geldkatze bluten, und es gibt Strafpunkte, ab 50 ist sogar der Lappen weg.

Richtigerweise vermutet der Verkehrsteilnehmer ohnehin in jedem zweiten 30-km-Schild eine Schikane, die allein dem Stadtsäckel zur Gesundung verhelfen soll. Was macht er also? Wenn keiner guckt oder die Schmiere Büroschluss hat, fährt er mit 100 durchs Land der Langsamkeit und freut sich über den geglückten Bubenstreich. Andere kreischen im ersten Gang mit 30 durch die Slalomstrecke, um wenigstens die dreisten Ego-Anrainer mit ausreichend Lärm und Abgasen zu versorgen. Und wieder hat eine deutsche Reglementierung ihr typisch deutsches Ziel erreicht: Alle sind genervt, und gebracht hats nichts. Außer, dass das Beharrungsvermögen in Doofmannsland wieder einen Teilsieg davontrug.

Ein schönes neues Wort gibt es auch schon für die Bundesgartenschau auf Durchgangsstraßen: Entschleunigung. Und da wären wir auch endlich beim Schönreden des Staatsbankrotts angelangt: Sind kaputte Straßen nicht irgendwo auch ein ökologisches Signal für die Entschleunigung der Republik? Sicherlich! Und wenn ich mit 30 km/h frontal gegen ein Windkraftwerk fahre, ist das doch auch ein viel schönerer Tod, oder etwa nicht?

Talente, die besser ungehoben blieben

Varietékünstler

Die eine ist sprachbegabt und parliert in vielen Zungen, der andere kann mit Buchstaben rechnen und wird zum Informatikgenie. Doch wozu lernt jemand Jonglieren, Steppen oder Kartentricks? Diese Fähigkeiten sind nicht nur überflüssig, sondern nerven die gesamte Weltbevölkerung. Einst gehörte auch das Beherrschen der Wandergitarre zu den höchst unerwünschten Talenten in der Öffentlichkeit. Brannte irgendwo auch nur ein Streichholz nieder, schon fand sich ein „Blowing-in-the-wind"-Blödmann, um es zu besingen.
Heute bleiben diese Lästlinge auf unterirdische Verkehrsmittel und Fußgängerzonen beschränkt. Die Jongleure und Kartentrickbekloppten allerdings verseuchen die Kultur sogar noch gegen Eintrittsgeld. Die Kleinkunstbühnen der Republik sind voll von Apfelsinenschmeißern und Luftballonknotern. Und wenns ganz hart kommt, wird gesteppt, oder eine angejahrte Tunte macht den Mund nach den Frontliedern von Zarah Leander auf und zu. Warum geben sich Menschen so viel Mühe, um dermaßen uncoole Scheiße vorzuführen? Der Verdacht liegt nahe, dass es noch größere Trantüten gibt, die so was gut finden und bereit sind, dafür zu zahlen. Eine Frau wird zersägt, eine andere schwebt, ein Kälberstrick steht in der Luft und tatsächlich, es war die Herzdame, die der Verblüffte aus dem eigenen Arsch herauszieht. Toll! Wer hätte das mal wieder gedacht. Noch schlimmer wirds, wenn Frauen mit Musical-Ambitionen sich mangels anderweitigem Engagement ins heitere Fach begeben. Der mittelmäßige Witz ist dann nur

Vorwand, um dauernd in neue Gewänder zu springen und abgehangenes Liedgut zu tremolieren.
Das Publikum ist selber schuld. Denn im Land des Facharbeiterbriefes gilt in der Zuschauergunst lediglich der etwas, der mehr kann als nur witzig sein. So darf der Name Helge Schneider nie genannt werden, ohne darauf hinzuweisen, dass es sich dabei zusätzlich um einen exzellenten Jazzmusiker handelt. Ich könnte kotzen. In Deutschland wird ein Witz erst dann akzeptiert, wenn er mit einer handwerklichen, meist überflüssigen bis ätzenden Nebenfähigkeit vorgeführt wird: Klavierklimpern, Jonglieren, bunte Klamotten tragen.
Der Wischmeyer … is ja 'n bisschen hart und, äh, fäkal, aber ordnungsgemäß sauber formuliert, das muss man ihm lassen. Ich dir machen, hahaha! Kacke, Arsch, hahaha, du Dreck, hahahahaha!

Herpes, Warzen und …

Verwandte

Jeder hat sie, keiner braucht sie! Das Überbleibsel aus einer früheren Kulturstufe der Menschheit ist noch heute der Schrecken versauter Sonntagnachmittage und abendlicher Horrorveranstaltungen, den so genannten Familienfeiern. Wie zu Zeiten der Mammutjäger trifft sich die versippte Horde am toten Tier und schlägt sich die Wampe voll. Da bei dem Gelage am Genpool außer Fressen keine Gemeinsamkeiten vorhanden sind, erstreckt sich

Deutsche Standfestigkeit: „Ist mir doch egal, wo der Engländer das Lenkrad hinbaut.“

die Völlerei über Stunden. Von der Hochzeitssuppe bis zur Herrencreme vergeht leicht ein halber Tag, und zwischen den Gängen hört man sich das Geseire fremder Trottel an, die sich als Onkel Bergepanz und Tante Leidegeil vorstellen.

Erst wenn man mal in einer fremden Familie zum Verwandtenauftrieb geladen wurde, fällt einem auf, dass die Sippschaften sich alle gleichen. Überall gibt es die uralte Knitterfratze, vorzugsweise auf den Namen Tante Mariechen hörend, überall den öligen Onkel mit den schlüpfrigen Witzen, ein halbes Dutzend schlachtreifer Hausfrauen und jede Menge mehr oder minder missratener Gören. Die ganze Horde ist komplett austauschbar, ja, man möchte meinen, „Verwandter" sei ein eigenständiger Seitentrieb in der Menschwerdung. Die Freunde, die Leute auf der Straße, sie sehen alle anders aus. Nur Verwandte benehmen sich so bescheuert, lachen zu oft über jeden Scheiß und haben komische Frisuren. Ihre Treffen sind einem so fremd wie die Saturnalien der polynesischen Urbevölkerung. Kaum mag man sich vorstellen, dass diese Figuren auch noch ein Leben außerhalb des Verwandtendaseins haben. Man sieht sie von einem Kaffeetrinken zum nächsten, von einem 70. Geburtstag zur Goldenen Hochzeit wanken, dazwischen nichts als ereignisloses Warten auf die Trottelshow des kommenden Wochenendes.

Nun ist dennoch anzunehmen, dass auch diese Menschen irgendwo normale Restexistenzen unterhalten. Was treibt sie dann dazu, ihre Zeit im Kreise der Genkumpels zu verplempern? Wird man das archaische Zusammengehörigkeitsgefühl mit der Sippe niemals los? Selbst abgefeimte Großstadtsingles stehlen sich mehrfach im Jahr in die Kleinstädte ihrer Aufzuchtjahre und lauschen dem Zischeln der locker sitzenden Gebisse. Wer weiß, so murmelt es im Hirn des coolen Art-Directors, vielleicht ist Blut doch dicker als Wasser. Und wenn die schmale Kohle erst aus Nürnberg kommt oder gar vom Sozialamt, dann hast du keine Freunde mehr, keine lustigen Arbeitskollegen, und niemand lädt dich noch zum Saufen ein. Dann sind da nur noch Onkel Bergepanz, Tante Leidegeil und dieses Monster, das aussieht wie Leni Riefenstahl am Vormittag. Besser man hält sich die Sippschaft warm in diesen unsicheren Zeiten, schon morgen kanst du auf sie angewiesen sein.

Wanderpokale der Mittelschicht

Hab ich selbst gemacht!

Der Grieche, dem die internationale Küche ja vieles verdankt, was nur unter Mühen die Brechreiz-Selbstkontrolle der Gurgel passiert, hat uns auch die Marmelade beschert. Ursprünglich war sie ein mit Honig eingedicktes Quittenmus, heute ist keine Gartenfrucht davor gefeit, mit Rübenzucker vermählt ins Marmeladenglas zu wandern. Birnen, Erdbeeren, Rasenschnitt: Wenn Mama erst mal loslegt, wird der halbe Garten eingekocht. Doch wohin damit? Der Bedarf an süßem Brotaufstrich ist noch durch die Vorjahresproduktion bis weit ins nächste Dezennium hinein gedeckt. Jetzt wird das Marmeladenglas zum Wanderpokal. „Hab ich selbst gemacht“, heißt es dann ganz stolz, wenn einem als Mitbringsel statt der üblichen Pulle Alkohol ein klebriges Glas mit quietschsüßem Wagenschmier in die Hand gedrückt wird. „Stachelbeer-Kürbis 1998“ entziffert der Gastgeber angewidert das Kuli-Gekrickel auf dem Selbstklebeetikett – und stellt den Castor-Behälter hausfraulicher Selbstverwirklichung neben den Restmüllsack. Spätestens aber wenn eine Vorladung zum Abendmahl droht, erinnert man sich der Fruchtpampe im wiederverwendeten Oil-of-Olaz-Behältnis. Mit schnellem Edding-Strich wird aus der Erstzulassung 1998 ein hoffnungsfrohes 2004 und aus der Ekel-Kombi Stachelbeer-Kürbis ein gourmetverdächtiges Passionsfruchtgelee. Da man absolut sicher sein kann, dass niemand das Zeug jemals fressen wird, muss nur die Farbe halbwegs glaubwürdig erscheinen. Noch Jahre später, wenn sich unterm Plastikgesims des Deckels bereits der zarte Flaum von Aspergillus breit gemacht hat, hört man immer noch das stolze „Hab ich selbst gemacht“ beim Überreichen der gezuckerten Moderfrucht. Die Marmelade ist ein Stück Erinnerung an eine Zeit, in der Mutter noch zu Hause wirkte, die Lebensmittel noch im Garten wuchsen und überhaupt alles ganz puschelig war. Sie ist längst zum Symbol althergebrachter, wertvoller Ernährung geworden – nur essen mag die Pampe niemand. So wandern denn die Gläser mit den Kuli-Etiketten im Laufe der Jahre von einem zum andern, stets begleitet vom stolzen Spruch: „Hab ich selbst gemacht.“ Ich hingegen würde mich freuen, überreichte mir jemand mal einen Kotelettstrang mit den Worten: „Hab ich selbst gekillt, das Schwein.“ Aber da, wo die Ursprünglichkeit etwas eklig wird, schreckt der moderne Mensch vor der guten alten Zeit zurück.

Wenn fremde Texte angreifen

Halts Maul

Die höflichste Form der Kommunikation, die der Mensch je erdacht hat, ist das Morsen: keine Dialekte, kein Gelaber, keine Klingeltöne, eben was für gediegene Gentlemen. Jede andere Form ist mehr oder minder eine Belästigung oder Vergewaltigung. Am schlimmsten, weil am häufigsten, ist das alltägliche Geseire. Ohne jedwede Funkdisziplin fängt das Gegenüber aus dem Nichts heraus an zu brabbeln. Ein Gespräch unter zivilisierten Menschen klingt dagegen so: „An Mitbewohner. Kommen. Hallo, hallo, ich habe einen Spruch für dich, möchtest du ihn hören? Ende. Kommen." – „An Gaby, Kommen. Nein. Kommen und Aus." Die Realität hört sich leider etwas anders an. Wie U-96 aus den Fluten des Atlantik taucht plötzlich ein Mensch vor dir auf und schießt dir seinen Laber Torpedo in die Flanke: „Kommst du jetzt mit zu Juttas Geburtstag, oder hast du das etwa auch schon wieder vergessen wie die Socken neulich im Bad?" Eine interessante Textmitteilung allzumal, doch gebricht es ihr an jeglicher Funkdisziplin.

1. Wer sagt überhaupt, dass ich auf Empfang bin?
2. Wer ist Jutta?
3. Will ich wissen, wer Jutta ist?
4. Wieso Geburtstag?
5. Wieso ich dahin?
6. Was für Socken?

7. Wann neulich?
8. Wieso nicht?
9. Was hat das eine mit dem anderen zu tun?
10. Woher rührt die Unterstellung, dass der abgesetzte Spruch für den Adressaten in diesem Augenblick von Interesse sein könnte?

Ja, und weil man weder Zeit noch Lust hat, diese Gesprächsanalyse am lebenden Material vorzunehmen, folgt deren vulgäre Kurzform: „Halts Maul." Entgegen landläufiger Ansicht ist es nicht unhöflich, zu jemandem „Halts Maul" zu sagen, es ist schlimmstenfalls schroff. Unhöflich ist es vielmehr, anderen Menschen, ohne um Erlaubnis zu fragen, selbst geformte Textbausteine an den Brägen zu schleudern, die diesen dann zur schroffen Notwehrreaktion zwingen. „Halts Maul." Doch was passiert, ist just das Gegenteil. Der eindeutig formulierte Wunsch nach sofortigem Abbruch der Textentgegennahme provoziert einen fäkalienhaften Auswurf an neuerlichen und noch uninteressanteren Texten, als jenen mit der Hauptperson Jutta: „Aha, das willst du nicht hören, du arrogantes Stück Scheiße, wie du überhaupt nie jemals einen Fehler eingestehen kannst und dir die Gefühle anderer …"
Und so weiter. Wer jetzt keine Heckler & Koch zur Hand hat, für den ist der Abend gelaufen.

Wir erinnern uns

Heißer Sommer

Wenn der Schinkengriller eisig kalt direkt aus der Folie gelutscht wird, wenn das Weizenbier nicht mehr in den Schlund, sondern ohne Umweg in die Unterhose pladdert, wenn Mama wie ein gestrandeter Buckelwal hinterm Sichtschutzelement verröchelt – ja, dann ist es irgendwie zu warm in Deutschland. Hitze schön und gut, aber da fährt man hin, die rückt einem nicht auf die Bude – unverschämte Natur.

Deutsch sein heißt, Wetter in jeder Form grundsätzlich scheiße zu finden. Gießt und nieselt es im Sommer, grillt der Teutone aus Verdruss den Schweinenacken auf den Heizungsrippen und jammert Tag aus, Tag ein, dass er um den tariflich zugesicherten Sonnenbrand betrogen wird. Brüllt Helios aber vom Firmament, als gelte es den Wüstenfuchs hier heimisch werden zu lassen, ists dem Jammer-Germanen auch nicht recht.

Nur den Gartenmolch, den freuts. Fettwampig steht er vor der Rabatte und ejakuliert mit dem Gardena-Pimmel auf die Baumarkt-Margeriten. Wie die Rüden im fremden Revier pissen sie an jeden Baum, und Männer ohne Schläuche in der Hand sieht man nur noch außerhalb des Jägerzauns. Jetzt erst hat der deutsche Mann seine Liebe zur Pflanze entdeckt, denn jetzt braucht sie seine Hilfe. Ewig war ihm das Grünzeug nur suspekt, wie es so aus sich heraus zurechtkam in dieser Welt und von zarter Frauenhand betüdelt am besten wuchs. Doch nun, wo der Feind am Himmel steht, da braucht es einen Mann, um das weibische Gartengrün zu beschützen. Die

Gardena-Wumme im Anschlag, behütet der Vorgarten-Landser sein Volk vor der Asylantenhitze. Jetzt, da dem Grün mit technischen Mitteln beigesprungen werden kann, entdeckt Papa seine Liebe zum Chlorophyll. Doch wehe, es regnet wieder und der Rasen lebt von alleine weiter, dann sattelt Papa seinen Aufsitz-Bronco und säbelt den jungen Trieben die Köppe ab.

Gegen die Todessehnsucht der Brut

Kindersicherungen

Was treiben eigentlich die süßen Kleinen so den lieben langen Tag? Sie ertränken sich in Zierteichen, nehmen einen ordentlichen Schluck aus der Domestospulle und stochern mit dem fünfzölligen Nagel in der Steckerleiste herum. Wenn das immer noch nicht reicht, um das Ableben zu beschleunigen, reißen sie bei voller Fahrt in Mamis Auto hinten links den Schlag auf und schmeißen sich in den Gegenverkehr.

So sähe es aus, das abenteuerliche Leben der Infanten, gäbe es nicht an allen erdenklichen Ecken und Öffnungen unserer Zivilisation eine Kindersicherung. Will der Gruftzwerg die heiße Suppe von der Ceranplatte fingern, um sich mal ordentlich die Fontanelle zu verbrühen, steht ihm das Herdgitter im Wege. Will er sich von der Treppe hinunter auf die Ebene Null des Reihenhauses stürzen, verwehrt ihm ein Ikeagatter den Rausch des freien Falls. Die Kuschel-Gesellschaft zeichnet sich ja dadurch aus, dass sie alle Maßstäbe stets am geistigen Vermögen des größten denkbaren Idioten ausrichtet. Deshalb haben wir eine Promillegrenze, da sonst die Torfköppe dauernd hackebreit gegen das Straßenbegleitgrün brettern würden; deshalb steht an Kaffeepappbechern geschrieben „Achtung, heiß. Verbrühungsgefahr“, denn sonst sengten sich die Hirnis hastenichgesehen die Pelle von den Knochen. Wenn also schon die so genannten Erwachsenen stets vor allerlei Unbill gewarnt und behütet werden müssen, um halbwegs am Leben zu bleiben, wundert es kaum, dass der Cordon sanitaire das Kleinkind richtig in Watte wickelt.

Seis drum, die Pimpfe sind tatsächlich ein bisschen zu ungelenk, und Mami und Papi gucken auch lieber Fernsehen, als ein wachsames Auge auf den Nachwuchs zu verschwenden.

Doch wer leidet unter all dem Behütungswahn? Die letzten vernunftbegabten Erwachsenen dieser Erde und der Fischreiher. Letzterer kann nicht im Zierteich räubern, da das Zwergenschutznetz ihm den illegalen Verzehr verbaut, und wir sind sowieso die Doofen. An der Pulle für den Pinselreiniger brechen wir uns fast die Gräten, da die Kindersicherung wieder einmal klemmt. Der schwächliche Eurostecker schafft es nicht, die Sicherungshürde in der Schukoleiste zu überwinden. Gefangen sitzen wir im Fond des Pkw, weil die Fötusverriegelung sich nicht öffnen lässt. Alles schön und gut! Da aber höchstens 20% aller deutschen Haushalte ein Kleinkind führen, darf doch vielleicht mal angefragt werden, ob es nicht möglich wäre, für die $^{4}/_{5}$-Minderheit noch ganz normale Pullen und Steckdosen herzustellen, bevor die Welt komplett verboten wird, weil sie schlussendlich ja zum Tode führt.

Komplett überschätzt

Kino, Kino

Wenn einen die Menschenfreude mal wieder überwältigt und man die gesamte Welt umarmen möchte, dann empfiehlt sich als Heilmittel der Besuch im Kino. Dort darf man einen kompletten Abend mit Hunderten von Arschlöchern in einem geschlossenen Raum bei völliger Dunkelheit verbringen. Juchheirassa! Selten, aber es kommt immerhin vor, werden in dem Kabuff auch noch gute Filme gezeigt. Dann ist es die Hölle! Nirgends wird der ursprüngliche Gedanke des Kinos so mit Füßen getreten wie im Kino selbst. Keine Chance, in die Illusionswelt auf der Leinwand abzutauchen, wenn sich ringsum ein Festival der Sinne zuträgt: Es stinkt nach Popcorn, dauernd purzeln Bierflaschen durch die Reihen, Chipstüten werden aufgerissen, und plötzlich knipst ein Pissetrinker die Lampen an, um Eis zu verbimmeln. Erst jetzt, bei vollem Büchsenlicht, erkennt man, in welch asoziale Gesellschaft man hier gelangt ist. Alle fressen irgendwas und sabbeln laut vor sich hin. Die Ekeligsten haben ihre beschuhten Füße auf die Polster des Vordersitzes gestemmt. Manche sind mit dem Fahrrad durch den Regen gekommen und lüften ihren Poncho direkt vor Ort: Der Geruch von nassem Hund mischt sich unter den Gestank verbrannten Hühnerfutters. Wann macht die Trulla mit dem Bauchladen endlich das Licht wieder aus, damit man sich die Bagage nicht mehr ansehen muss? Noch 20 Minuten bis zum Filmbeginn. Bis dahin tausend Jahre Werbung und dämliche Trailer für richtige Scheißfilme. Nachdem insgesamt einer Dreiviertelstunde Unter-

Bei der Planung des Eigenheims hatte SIE sich durchgesetzt:
„Glaub ja nicht, dass ich dauernd Fenster putze!"

haltungshaft beginnt endlich der Anlass des Besuches. Das Licht erlischt zur Gänze, man lehnt sich zurück, um sich ganz auf den Film zu konzentrieren. Da durchbricht der Strahl einer Taschenlampe das Dunkel: Zuspätkommer werden auf ihre Plätze mitten zwischen allen anderen gelotst, dabei fallen acht Bierpullen um und ein neuer Schwall Nasser-Parka-Geruch legt sich übers Auditorium. Noch bevor der letzte Samurai sein Schwert gezückt hat, wünscht man es sich schon zur Hand. Vollgesogen mit frischem Hass auf die Mitmenschen, freut man sich über jeden Toten auf der Leinwand.

Der Film ist vorbei, das Licht geht an. Ach du grüne Scheiße: Aus dem plüschigen Kinosaal ist binnen zweier Stunden eine Müllhalde geworden. Über der Abfallorgie schwebt eine Wolke aus Lungenfürzen, der wir widerstrebend unsere Atemluft entnehmen.

Nichts wie raus aus dem Klaustrophobenloch! Doch Pech gehabt: Neben uns hockt ein Trupp Pseudo-Cineasten-Arschlöcher, der sich einen runterholt auf die dreitausend Namen des Abspanns. Endlich hat uns die Freiheit wieder. Acht Euro gezahlt für drei Stunden U-Haft unter abscheulichen Bedingungen. Da aber hatte der Herr ein Einsehen und schuf den DVD-Player!

Vorschlag zur Güte

Kontrollierte Sprengung

Alles, was wir im Geiste tun, kommt aus der gegenständlichen Welt: „Anschauliche Begriffe" sind solche, die man angucken und begrabbeln kann. Die sinnliche Eroberung der Umwelt ging der rationalen Verarbeitung stammesgeschichtlich voraus, und noch heute bezieht unsere Sprache sämtliches Vokabular aus dieser Sphäre. Das Bauen und Formen, das Einreißen und Zusammenfügen mit den Händen ist die Mutter allen Denkens. Genug der Einleitung, schauen wir uns doch mal den derzeit so populären Begriff der „Reform" an. Reformieren heißt ja wohl, unter Beibehaltung der Gesamtmasse dieser eine neue Gestalt zu verleihen. Ein Knetgummimännchen sieht nach der Reform aus wie eine Kugel, enthält aber immer noch genauso viel Knete wie vorher, eine Steuergesetzgebung nach der Reform also immer noch 60.000 Verordnungen, nur anders verteilt. Staatliche Subventionen reformieren, hieße sie so zu kürzen, dass alle genauso viel kriegen wie vorher. Und exakt so sehen die Reformbemühungen der Politik auch aus. Dem möchte ich mal das Bild der „Kontrollierten Sprengung" gegenüberstellen. Wenn ein Gebäude seinen Zweck nicht mehr erfüllt, ein Fabrikschornstein etwa, so wird dieses nicht in Eigentumswohnungen umgebaut, sondern in die Luft gejagt – und zwar so, dass möglichst niemand in der Umgebung Schaden nimmt, das unnütze Teil aber auch verschwindet. Das ist doch eine tolle Sache. Nur durch kontrollierte Sprengungen ist Raum für Neues, aber Reformen manifestieren den alten Schrott in neuer Gestalt und

führen irgendwann zur unkontrollierten Explosion. Ein anderes Beispiel: die verheerenden Waldbrände in Kalifornien waren keine Naturkatastrophe, sondern das Ergebnis erfolgreicher Reformen in der Bekämpfung lokaler Kleinbrände. Nur weil über Jahre hinweg entfachtes Unterholz ständig gelöscht wurde, konnte sich dieser Riesenhaufen brennbaren Gerümpels in den Wäldern ansammeln. Auf die deutsche Gesellschaft übertragen hieße das: Jedes Reförmchen, mit dem lokale Brandherde gelöscht werden, bringt nicht nur nichts, sondern erhöht sogar die Gefahr der Katastrophe. Um das zu verstehen, braucht es demnach nicht eine Abwägung aller Interessen, wie es die Politik noch immer versucht, sondern ein komplett anderes Denken. Aber gerade dazu sind Politiker überhaupt nicht in der Lage. Sie rücken weiter aus mit ihren kleinen Löschtrupps, bekämpfen hier die „schlimmen" Auswirkungen bei der Reduzierung der Pendlerpauschale oder retten dort den Lebensstandard der zu oft bemühten „Krankenschwester im Schichtdienst". Da kann und wird natürlich nichts bei rauskommen. Allein schon der Ansatz, „eine Reform müsse ausgewogen" sein, zeigt, wie weit entfernt – rein intellektuell – der regierende Beamtenapparat von einer wirksamen Veränderung dieser Gesellschaft zum Positiven sich befindet.
Jährlich fliegen zig Millionen Deutsche ins Ausland, über 99,9 % kommen wieder zurück. Wieso eigentlich?

Nicht nur in Flensburg

Punkte sammeln

„Sammeln Sie die Pupsi-Punkte?“, fragt mich die Verkäuferin an der Kasse. Sehe ich aus wie ein Fünfjähriger? Als Kind habe ich tatsächlich alle möglichen Punkte aus Nudelpackungen und Schokoriegeln gesammelt, ja, ich habe sogar meine Mutter zum ständigen Kauf einer ätzenden Gebäcksorte genötigt, um die Knusperpunkte daran abzureißen. Für zweihundert Knusperpunkte gab es nämlich zwanzig Fußballerbilder (das Album dazu kostete 19,80 Mark, schöner Beschiss). Als Erwachsener, dachte ich bisher, ist man diesem juvenilen Eichhörnchentrieb entwöhnt. Von wegen! Das Meilensammeln im City-Shuttle gilt ja sogar unter leitenden Angestellten als besonders schick. Mit dem erflogenen Guthaben kann man dann kostengünstig die Gespielin zum Rammel-Weekend nach Paris entführen. Das mag ja noch angehen, aber in jeder Tankstelle, jedem Verbrauchermarkt und jetzt auch noch bei der Bahn ständig gefragt zu werden, ob man denn die Pupsis, Happy- oder Luckilucki-Punkte haben wolle, geht einem doch langsam auf die Nerven.

Der sonst devot schweigsame Friseur wollte mir beim letzten Fassonschnitt auch schon sein firmeneigenes Punkteheftchen aufnötigen. Da musste ich ihm leider bescheinigen, dass er gerade genau das Gegenteil erreicht hatte: nicht die Kundenbindung, sondern die endgültige Kundenverprellung. Ich habe weder Lust, zu Hause diverse Heftchen zu führen, um dort lustige Marken einzulecken, noch möchte ich, dass ein Warenhaus in seinem

Computer ein Bewegungsprotokoll meiner Einkaufsgewohnheiten führt. Deshalb wird nicht „geswopt“ bei Esso, und die Paybackkarte können sich auch alle angeschlossenen Einzelhändler sonstwo reinstecken.
Aus Rache für die blöde Infantilisierung des Warenverkehrs bin ich jetzt dazu übergegangen, eigene Punkte herauszugeben. Jeder Dienstleister, der brav ist, bekommt von mir einen Didi-Punkt. Der Postbote, wenn er pünktlich ist und keine Werbung in den Kasten stopft, der Kellner, der Polizist, der Zeuge Jehovas, der gar nicht erst kommt. Sie alle bekommen Didi-Punkte, die sie sich irgendwo hinkleben können. Wer zweihundert zusammenhat, der bekommt meine alten Fußballerbilder aus der Knuspersammlung.
„Sammeln Sie Didi-Punkte“, fragte ich neulich die Politesse, die gerade einen Strafzettel für mich ausfüllen wollte. „Schade, denn sonst hätten Sie jetzt zehn Punkte bekommen können, wenn Sie den Kuli wieder einstecken.“
Und siehe, das Strafmandat war vergessen, selig strich das Abmahnweibchen die zehn Didi-Punkte ein und zog ab. Von diesem Erfolg angespornt, verteilte ich die wertlosen Zettelchen aufs Geratewohl an jeden, der mir rabattierungswürdig erschien: Busfahrer, Zugschaffner, zufällige Passanten, die ein freundliches Gesicht zeigten. Da ich nur eine Fußballbildersammlung habe, behauptete ich im Fortgange des Verteilmarathons, für schon zehn Didi-Punkte gäbe es bei allen Payback angeschlossenen Geschäften hundert Euro bar auf die Kralle. Harharhar! Wer Wind sät, wird Sturm ernten.

Claudia Roths Wecker hat geklingelt. Es ist 6 Uhr 30. Claudia Roth hat noch keine Lust zum Aufstehen und knuddelt noch eine Viertelstunde mit sich selber. Es ist Sonntag, da hat sie eigentlich frei und muss sich nicht engagieren. Aber das gilt natürlich nicht in Wahlkampfzeiten, deshalb steht in ihrem Terminkalender auch heute ganz viel drin, z.B. um 10 Uhr „Engagieren" beim Kurdischen Rhabarbersaftfest in Kreuzberg. Sie soll einen Vortrag halten zum Thema: „Ganzheitliche Nachhaltigkeit als Frau." Claudia Roth hat keinen blassen Schimmer, was das ist.
Um sieben ist sie fertig mit autogenem Knuddeln und steht auf. Zum Frühstück haut Claudia Roth fünf Kalorienbomben aus garantiertem Auszugsmehl mit Raffinadezucker rein – man gönnt sich ja sonst nix. Der ätzende Nicaraguakaffee ist eh nur für Gäste da. Wie es sich für eine Frau ihres Alters gehört, greift sie zu Jacobs Krönung. Beim Frühstück liest sie die Klatschseiten in der Bild am Sonntag: Dieter Bohlen ist nackt durch den Garten gelaufen. Im Gehirn von Claudia Roth läuft ein erotischer Kurzfilm an, wird aber sofort von der Political-Correctness-Instanz des vorderen Stirnlappens unterbrochen. Claudia Roth rülpst. Zeit zum Aufbruch. Vor dem Haus wartet niemand. Claudia Roth fährt mit dem Taxi nach Kreuzberg. Sie hat darauf geachtet, dass das Taxiunternehmen genauso viel Frauen beschäftigt wie Männer. Am Mehringdamm ist die Rhabarbersaft-Fete schon in vollem Gange. Claudia Roth hasst Rhabarbersaft, sie muss

danach immer mit einem halben Liter Spätburgunder absäuern. Alle warten auf ihre Rede. Claudia Roth stellt sich auf die Bühne und pumpt sich auf wie eine Geburtshelferkröte. Irgendein Quark quillt aus ihrem Mund. Die Zuhörer haben ein paar Vokabeln wiedererkannt und freuen sich: „Frau" z.B., oder „finanzielle Unterstützung" – das finden sie beides auch. Tosender Applaus. Zwei Frauen vom Rhabarberteam laden sie noch zur Frauenparty am Abend ein. Claudia Roth sagt, dass sie abends schon bei Sabine Christiansen eingeladen ist, und das sei schließlich auch eine Frau. Die beiden lassen das Argument widerwillig gelten.
Um 13 Uhr sitzt Claudia Roth in einem Café am Ku'damm und haut drei Stücke Pflaumenkuchen in sich rein, mit Sahne. Nicht aus Frust! Sie isst das sehr gerne.
Um 15 Uhr hat sie sich mit Renate im Tiergarten zum Skaten verabredet. Aber nur, wenn Renate ein paar Fotografen auftreibt bis dahin. Wenn nicht, haut sie sich lieber aufs Ohr oder nimmt zu irgendwas Stellung – mal sehen, wozu sie mehr Bock hat. Das Handy klingelt, es ist Renate. Nur ein Fotograf von der Gala hat zugesagt, der würde aber nur kommen, wenn beide ein scharfes Outfit anhätten und Frau Borer-Fielding mitskaten dürfte. Claudia Roth sagt zu. Bei Erscheinen der übernächsten Ausgabe wird sie ihre Zusage bereuen. Das Bild erscheint in einem zwölfseitigen Artikel über „Die Borer-Fieldings nach der Ehekrise". Unter dem gemeinsamen Foto wird sie lesen müssen: „Frau Borer-Fielding kümmert sich wieder mehr um ihre Figur, damit sie so bleibt, wie sie ist. Andere, damit sie nicht so bleibt." Doch an diesem Sonntagnachmittag ist das alles noch fern. Allmählich

wird es Zeit, sich auf die Sendung in der ARD vorzubereiten. Das Thema bei Sabine Christiansen heißt „Rot-Grün am Ende?“ Eingeladen sind neben Claudia Roth Guido Westerwelle, Günter Jauch, Olaf Henkel, eine Farbpsychologin und Reinhard Mey. Sie freut sich auf die Sendung. Um 21 Uhr sitzt sie mit Sabine Christiansen gemeinsam in der Maske. Claudia Roth trägt ein giftgrünes Fünf-Mann-Zelt mit Brokatapplikationen, Sabine Christiansen ein Ensemble in Chamois und Mauve. Gegen die grelle Campingausrüstung von Claudia Roth kackt das Tarnkostümchen der klapperdürren Reichsnervensäge richtig ab. Sabine Christiansen ist stinksauer. Claudia Roth merkt natürlich nichts und grinst wie ein ganzer Korb Red Delicous. Am liebsten würde sie jetzt noch eine Weile mit der Sabine knuddeln, der ist aber bereits das Messer aufgeklappt im Kostümchen. In der Sendung wird sie aus Rache immer, wenn Claudia Roth etwas sagen will, den Guido von der Kette lassen.
Um 22.45 ist allen Grünen am Fernsehapparat klar: Das war ein Desaster. In der Maske sitzt Claudia Roth und heult: Warum sind alle so böse zu ihr? Sie beschließt doch noch zur Frauen-Rhabarberparty zu fahren. Da hat jedenfalls keiner die Sendung gesehen.

Arbeitslos als Event

Sabbatical

Den ganzen Tag im Jogginganzug zu Hause sitzen, zwischendurch das pansige Weib vermöbeln und den Zehnerträger Billigpils verklappen – so stellt sich der den Arbeitslosen vor, der selbst noch niemals ein solcher gewesen ist. Seitdem die laue Konjunktur auch die hippen Arbeitnehmer aus den Gehaltslisten fegt, bemühen sich die Betroffenen um ein Upgrading des pissigen Ansehens. Nicht „arbeitslos" oder SPD-deutsch „erwerbslos" sei man, sondern man nehme gerade sein „Sabbatical". Auch lungere man eben nicht wie Otto Normaldrückeberger besoffen am Altglascontainer herum, sondern laufe durch den Park und mache irre Erfahrungen: „Die Vögel, wie lange habe ich den Vögeln schon nicht mehr zugehört – du, das ist total intensiv." Während die erwerbslose Normalkrampe standesgemäß in Depressionen versinkt und ihre Tage auf den Fluren der Antragsfresser vergeudet, strauchelt der Sabbatical-Nehmer freizeittrunken durch den exotischen Alltag. Bisher buckelte er vierzehn Stunden am Tag in seiner IT-Klitsche, fraß dort sein Sushi aus der Pappe, vögelte am selben Ort, wen er fand, und ging oft nicht mal zum Schlafen ins Appartement nach Hause. Doch dann traf auch ihn die Keule der Konjunktur, und es galt, einen eleganten Sprachcode zu finden für das Loser-Dasein. Das „Sabbatjahr" bot sich an als feine Umschreibung fortwährender Beschäftigungsräude. Allerdings assoziiere man den Begriff doch zu sehr mit dem Lehrervolk, und so weit unten sei man eben als arbeitsloser Marketing-Hengst auch nun wieder nicht, dass man sich mit diesem trotteligen Pack gemein mache. „Sabbatical“ hingegen ist amerikanisch und dadurch schon per se hip und positiv, genau wie „pink slip“ eben viel mehr nach erotischer Unterwäsche klingt als „Kündigung“. Allein das Wort aber macht es noch nicht, das Sabbatical muss auch entsprechend supercool gestaltet sein. Mal in eine Archäologie-Vorlesung reinschnuppern und gucken, wie die Glockenbecherleute so drauf waren. Obskure Vernissagen abklappern. Unterwasser-Tai-Chi für Frauen. Oder eben den Vögeln „total intensiv“ im Stadtpark lauschen. All das macht einen zum viel beneideten und akzeptierten Smalltalker in den alten Szene-Lounges. Wer will schon das Gejammere hören vom viel zu teuren Loft, das man nicht mehr halten kann, vom Saldo rückwärts auf dem Girokonto – nix da: Auch der Gestrauchelte unterliegt dem Terror des Glücklichseins. Kommt zur Arbeitslosigkeit noch eine Portion Psychomacke hinzu, ist man eben grade sehr „kreativ“, und meldet sich schlussendlich ein letales Zipperlein am Horizont, was solls, dann erlebt man „Krankheit als Weg“. So mündet das „kreative Sabbatical“, wie es sein soll, im „lazy Sunday Afternoon“ auf dem anonymen Urnenacker. Bravo, wieder einer weniger!

Heiner K. blickte aus seinem Badezimmerfenster und wusste, dass es Zeit war, die Tabletten zu nehmen.

Ohne jeden Zuckerguss 1

Wie der Wessi den Ossi sieht

Auch heute, lange nach der Eingemeindung, blickt der Wessi auf den Ossi noch immer wie auf den armen Verwandten aus dem Tierreich – nur das überhebliche Wohlwollen ist verschwunden. Noch sagt es keiner öffentlich, aber insgeheim glaubt jeder: Die Stinker fressen uns die Haare vom Kopf. Sie plündern die Rentenkasse, treiben die Krankenversicherung in die Höhe und kassieren auch noch die meisten Zuschüsse vom Bund und aus Europa. Deutschland ist am Ende, weil die vorbildlichen Westdeutschen 17 Millionen Arschgeigen an der Backe haben. Ihr Hauptberuf ist ABM, in ihrer Freizeit sind sie Flutopfer, und wenn sie nicht genauso viel Valuta kriegen für halb so viel Produktivität wie im Westen, fangen sie an zu streiken. Das ganze Land haben sie 40 Jahre vergammeln lassen, und statt jetzt mal umsonst zu Hacke und Spaten zu greifen wie unse 45, fliegen sie mit Billigbombern in die Domrepp und verjuxen ihre Stütze. Eigentlich stände ihnen ein Lebensstandard wie hierzulande 1958 zu: Eine Hose zum Wechseln, Papa fährt mit dem Moped ins Zementwerk, und geschissen wird auf halber Treppe. Aber nichts da: Der volkseigene Osteuropäer will genauso sein wie wir – nach fast 60 Jahren Knechterei auf dem Weltmarkt. Wie soll das gehen?
Doch es gibt ein Fünkchen Hoffnung für alle Wessis, die die Schnauze voll haben: Der Ideologieträger Nummer eins, das Fernsehen, bereitet durch seine Ostalgie-Märchensendungen die allmähliche Wiederverschließung der Mauer vor. War doch alles gar nicht so schlimm da drüben, zieht euch die

lustigen blauen Hemden wieder an und den antifaschistischen Schutzwall wieder hoch. Schwuppdiwupp haben wir wieder eine mopsfidele BibaBundesrepublik und kommen euch auch mal besuchen, wenns nicht zu teuer ist.

Ohne jeden Zuckerguss 2

Wie der Ossi den Wessi sieht

Die längste Zeit haben sie uns verarscht, jetzt ist Schluss. Während die fetten Wessizecken Cappuccino gesoffen haben und mit ihrem Porsche durch die Welt geschiggert sind, mussten wir Russisch lernen und Altmetall sammeln. Jetzt sind wir mal dran mit Gutgehenlassen. Wir haben immerhin die einzige friedliche Revolution auf deutschem Boden gestemmt, ein Unrechtssystem mit eigenen Mitteln beseitigt. Ihr habt in der Fettlebe geschwelgt und euch von den Amis pampern lassen. Herausgekommen ist dabei eine sechzigmillionenfache große Fresse und nix dahinter. Ihr seid doch angeblich so schlau, dann macht uns doch mal Arbeitsplätze, ihr Super-Wessis. Wir sind ja klein und doof, wir können das nicht. Die besten Leute habt ihr 40 Jahre lang über die Mauer gelockt, und danach kamen sie in noch größeren Scharen zu euch. DDR-Bürger haben mit ihrem Fleiß und ihrem Können die BRD aufgebaut. Heute, wo wir Euch mal brauchen, wollt ihr nichts davon zurückgeben: Egoistische Dreckschweine, von Volkssolidarität wohl noch nichts gehört, was! Die Russen waren schon arrogant die ganzen

Jahre über, aber die Wessis sind schlimmer – die laufen überall frei rum in unserer Republik, als ob's ihre wäre, kaufen unsere Datschen am See und rauben unsere Frauen. Aber wir werdens euch schon zeigen: Bald kommen alle Porsches und BMWs aus den neuen Bundesländern, und dann müsst ihr nach Leipzig oder Dresden fahren, um euern schicken Schlitten abzuholen, ihr arroganten Säcke. Und dann seht ihr, dass Dresden heute schon schöner ist als euer verschissenes Köln oder Hamburg. Und dann fahrt ihr durch unsere Biosphären-Reservate und Alleen, und wenn ihr dann wieder in eurer zersiedelten Pissgegend seid, müsst ihr kotzen. Ätsch! Wir sind die Zukunft, ihr seid eben die „alten Bundesländer", das klingt nicht nur nach Vorgestern, das ist auch so. Noch zehn Jahre Ost-West-Ausgleich, und wir sind Kalifornien und ihr seid Oklahoma. Geschieht euch recht, ihr blöden Schlauberger!

Das wurde aber auch Zeit

Der Wesenstest für alle Ausländer

Sie leben oft seit mehreren Jahrzehnten unter uns, weigern sich aber beharrlich, die deutsche Kultur und Sprache anzunehmen. Jetzt ist Schluss! Berlins Ausländerbeauftragte Barbara John machte den Anfang und forderte obligatorische Sprachkurse für Türken und sonstige. Aber reicht das? Ich meine nicht!

Deshalb dieser Wesenstest für alle hier lebenden Ausländer, mit dem das eindeutige Bekenntnis zu unserer Kultur nachgewiesen werden kann:

1. Mindestens zwei Bratwürste essen pro Woche. Der Verzehr muss durch Haaranalyse nachgewiesen werden. Indische Computerspezialisten dürfen auf Antrag auch Currywürste essen.
2. Folgende Gegenstände müssen sich im ständigen Besitz befinden:
- Schlagbohrmaschine mit Wechselfutter
- Rasenkantenschere
- Hochdruckreiniger
- Kabeltrommel

3. Ständig auf sich zu tragen ist auch ein Ganzkörperfoto im Ballonseidenanzug, vierfarbig, wobei mindestens eine Farbe Lila zu sein hat.
4. Im Geltungsbereich des Grundgesetzes herrscht Schweinefleischpflicht.
5. Teilnahme an einem Bildungstest:

A. Mathematik:

Die Zahlen 05, 96, 1860 und 04 sind folgenden Städten zuzuordnen: Hannover, Mainz, Schalke, München.

B. Geografie:

In welchem Land liegen die Flüsse Maas und Memel?

C. Geschichte:

Welcher Ausländer hat es bis zum deutschen Kanzler geschafft?

D. Physik:

Aus welchen drei Bestandteilen besteht deutsches Bier?

E. Chemie:

Wer trainiert Bayer Leverkusen?

F. Zoologie:

Welches Auto ist das erfolgreichste aller Zeiten?

G. Religion:

Wie heißt das Buch mit dem Wort Gottes drin: Meran, Koran oder Kormoran? Achtung, hier genau überlegen! Fangfrage!

H. Allgemeinwissen:

- Welcher Ausländer spielte 1976 in der Bundesliga beim Spiel gegen den VfL Bochum in welchem Verein?
- Welche Schlüsselgröße gehört zu einer M6-Schraube?
- Was fängt Fischers Fritze? (gleichzeitig Phonetik-Test)

I. Musik:

- Olé, wir fah'n innen Puff nach … (Bitte ergänzen!)
- Oh du schöhöhöhöner Harz … (was ist hier falsch?)
- Welcher Neger findet, dass ein bisschen Spaß sein muss?

J. Sprache:

- Was sind Blumento-Pferde?
- Bitte nachsprechen: Kaiserlich-königliche Donaudampfschiff-fahrtsgesellschaft (drei Versuche)
- Bilde die erste Person Einzahl der starken Vergangenheitsform folgender Tätigkeitswörter: backen, fragen, heißen.
- Übersetze folgenden Vers in mindestens zwei ältere Sprachstufen des Deutschen (z.B. Mittelhochdeutsch, Altsächsisch oder Ostgotisch): Vor dem Re-Start des Rechners bitte die preferencies trashen!

Wer alle Fragen richtig beantworten kann, wird Deutsch-Ausländer auf Probe und kann nach 10 Jahren die Daueraufenthaltsberechtigung Typ B beantragen – die gilt nur für die neuen Bundesländer. Neu ist, dass diese auch aberkannt werden kann. Folgende Umstände können sogar bei gebürtigen Deutschen zu einem Entzug des Personalausweises führen:

- Wiederholtes Anschaffen asiatischer Pkw.
- Verzehr von Döner Kebab oder Gyros, wenn in zumutbarer Entfernung auch Bratwürste angeboten werden.
- Reis als Beilage wählen in Kantinen oder Raststätten, wenn es auch Kartoffeln gibt.
- Dauernd auf der rechten Spur fahren auf Autobahnen.
- Sich in der Öffentlichkeit positiv über Holland äußern.

Immer mehr Deutsche scheißen auch öffentlich auf ihr Vaterland.

- Leute vorlassen an der Supermarktkasse.
- Spanisch sprechen auf Mallorca.

Wenn innerhalb eines Jahres mehr als drei dieser Umstände eintreten, wird der Personalausweis eingezogen und die frei werdende Stelle als Deutscher einem Ausländer übertragen – mitsamt Familiennamen, Ehegatten, Jägerzaun und Rasenkantenschere.

Unterm Rektum tut sich was

Moderne Notdurft

Je schlechter es einer Gesellschaft geht, desto aufwendiger wird öffentlich geschissen. In den Jahren des Wirtschaftswunders war die Bahnhofstoilette geradezu Inbegriff des Ekels: Ein bestialischer Ammoniakgestank schlug dem Besucher entgegen, in den Kotzellen hatten die Geschäftsleute Spuren einer Vollbremsung hinterlassen, die sich über Jahre hielten. Dafür war der Eintritt zum Abtritt mit zwo Groschen angenehm günstig und sicherte den kackenden Massen eine gehörige Portion Kaufkraft. Heute bei McClean werden 60 Cent aufgerufen nur fürs Wasserlassen, dafür blitzt aber auch das Kotgestühl, und alle zwei Minuten wischt eine devote Schwarzhaut durch den Raum. Auch dem einfachen Arbeitnehmer ist es heute vergönnt, zu stuhlen wie einst in Deutsch-Südwest, nur sauberer. Dafür sind 60 Cent wiederum nicht viel. Auch die Autobahnraststätte, einstiger Donnerbalken des Fernlastverkehrs, hat sich eine piekfeine Nasszelle zugelegt. Dort wacht vorzugsweise der Südeuropäer über den ordnungsgemäß abgelieferten Obolus. Mit 50 Cent ist man hier dabei und kann anhand eines Aushangs überprüfen, wann die Pissbude das letzte Mal gefeudelt wurde. Fehlt die Unterschrift, darf man den Prätorianer am Eingang selber zusammenscheißen oder kann sich vertrauensvoll an seinen Abschnittsbevollmächtigten wenden. So wird der öffentliche Schiss allmählich zum einzigen Vergnügen in einer allseits verrottenden Republik. Seitdem die gebeutelten Kommunen ihre unterirdischen Fäkalbunker privatisiert haben, sind auch dort aus schmuddeligen Strichertreffs formidable Hygienecenter geworden. Die ganze Entwicklung gibt einem zu denken: Eine Gesellschaft, die sich auf den Aftermarkt konzentriert, hat auf dem ersten Markt anscheinend nichts mehr zu bieten. Es ist ja schön, dass es dem Arsch immer besser geht in Deutschland, aber davon wird der Bauch nicht voll. Lieber nach 'ner anständigen Mahlzeit schlecht geschissen, als hungrig bei McClean ästhetisch wertvoll Wasser abgeschlagen.

Neuguinea gleich um die Ecke

Welt der Behörde

Wir freien Menschen, die wir eine Behörde nur von gelegentlichen Besuchen her kennen, haben überhaupt keine Ahnung, welcher Irrsinn dort die Regel ist. Damals, als der preußische Staat das Amt zu seiner klassischen Größe formte, herrschten dort die drei großen „A“: Auftrag, Ausführung, Anschiss. Und damit keiner auf dumme Gedanken kam, wurde das Vegetieren auf der Schreibstube auch noch schlecht bezahlt. Bravo! Auch wenn es nicht wirklich der Effektivitätsknaller war, so hielten sich immerhin die Kosten in Grenzen. Auf den Ämtern dämmerten alte Kommissköppe dem Heldengrab entgegen, und das Volk hatte weitgehend seine Ruhe.

Seitdem aber der 68er die Behörde als innerdeutschen Toskana-Ersatz mit Pensionsberechtigung entdeckte, weht ein anderer Wind im Reich der Klarsichthüllen: Jetzt wird alles diskutiert, mit anderen abgestimmt, niemand darf sich übergangen fühlen, und wer weiß, was bei der nächsten Sitzung herauskommt. Viereinhalb Millionen Figuren schleichen alltäglich durch die Flure und überlegen, was sie als Nächstes verhindern können. Arbeit ist Kraft mal Weg. Um also viel zu arbeiten, muss man einen der beiden Faktoren möglichst hochtreiben. Das Amt hat sich für den Weg entschieden. Leistung ist Arbeit durch Zeit. Wenn der Nenner gegen unendlich wächst, wird die Leistung winzig klein. Ziel erreicht! Wie bescheuert muss man eigentlich sein, um in diesem System Teile seines Wachzustandes zu verplempern? Trotz der unendlich zähen Abwicklung beherrscht eine Angst die Schleichkatzen auf dem Linoleum: Die Arbeit könnte weniger werden, die Aktenberge dahinschmelzen, das eigene Aufgabengebiet sich als genau die hohle Nuss erweisen, die es seit Anbeginn war. Deshalb entwickelt der Homo pollundris geradezu atemberaubende Effizienz, wenn es gilt, neue, noch irrsinnigere Betätigungsfelder zu erschließen. Und sind sie erst so weit diskutiert, dass auch möglichst viele Schleichkatzenrefugien davon profitieren, wirds Gesetz und Verordnung. Damit geht die geballte Macht dann dem Volkskörper an die Gurgel und würgt ihn, bis er das Japsen sein lässt. Doch irgendwann kommt der Tag, da ist die Kuh ausgemolken, und viereinhalb Millionen Schleichkatzen müssen lernen, dass Geld verdienen und Gehalt beziehen zwei grundsätzlich verschiedene Dinge sind.

Es weihnachtet sehr

Wenn der Fundraiser zweimal klingelt

Die Haustür ist nicht länger ein Ort der menschlichen Begegnung. Noch vor Jahren klingelte allerlei Gelichter an den Hauseingängen: die Scherenschleifer, Zeugen Jehovas, entlassene JVA-Zöglinge, Schornsteinfeger, Gasableser oder Verkäufer mundgemalter Weihnachtsgrüße. Selbst Lebensversicherungen und Kapitalanlagen wurden mal eben zwischen Tür und Angel abgeschlossen. Mit der Einführung des Rücktrittsrechts von Haustürgeschäften brach der lukrative Markt des Übertölpel-Business allerdings

Ausflugstipp für rechtsradikale Legastheniker.

zusammen. Davon betroffen ist auch ein Geschäftszweig, der sich dem Edlen und Guten verschrieben hat: die Spendensammler. Just zur trüben Weihnachtszeit, wenn der zirzensische Arbeitnehmer sein Lama wieder in die Einkaufszone treibt, beginnt auch der Abschöpfungsversuch auf den weihnachtlichen Zehnten des Wohlstandsbürgers.
Der Ehrenamtliche mit der Rasseldose an der Tür ist passé, auch die Postwurfsendung mit dem vorbereiteten Überweisungsträger ist von gestern. Ersterem wird nicht geöffnet, Letztere wandert sofort auf den Altpapierstapel. Der Zugang zu den Herzen des Mitleid-Endverbrauchers ist schwieriger geworden. Es gäbe aber auch so viel zu unterstützen: den Kampf gegen den Hunger in Afrika, die Blindenmission, Greenpeace, das Beamtenheimstättenwerk – überall tritt uns das Elend entgegen, und vor lauter Opfern verlieren wir den Glauben an die Linderung der allgegenwärtigen Misere. Was solls, sagt sich da das steinerne Herz, und kauft sich lieber einen neuen DVD-Player. Das wissen natürlich auch die Spenden verarbeitenden Organisationen und setzen auf Professionalität: Der Fundraiser, ausgebildeter Diplomspendenwirt, rückt den kalten Herzen auf die Pelle. Über dem hartumkämpften Markt der Gebebereitschaft weht der kalte Hauch des Kapitalismus. Ohnehin schon abgeschottet gegen mitleidheischende Kindergesichter in den Zeitungen („das kommt sowieso nicht da an, wos hinsoll"), bietet sich dem Spendemuffel hier ein neues Argument: „Ich lass mir doch nich von Profis das Geld aus der Tasche ziehen." Es ist schon ein Unterschied, ob das betagte Mütterlein mit der Rasseldose vor der Tür steht und dem ertappten Gewissen keine Ausflucht mehr einfällt, oder ob der

Fundraiser zweimal klingelt. Niemand hat ja Geld zu verschenken und jeder erwartet einen gewissen Gegenwert. Beim Mütterlein oder dem irgendwie Amputierten waren es die dankbaren Augen des mit Valuta Bedachten. Der Fundraiser hingegen verkauft Sinn, ein rares Gut in dieser Welt. Wer vor lauter überflüssigem Elektronikkrempel in der eigenen Wohnung dauernd auf die Fresse fliegt und nicht wirklich schon wieder eine teure Armbanduhr gebrauchen kann, der schenkt sich selber gern ein Stückchen Sinn zum Fest: die Brunnenbohrung in Südindien, das Patenkind im Sudan. Wichtig ist dabei vor allem die Überschaubarkeit des Angebots, dazu muss das Elend parzelliert oder personifiziert werden. In das große schwarze Loch der Bedürftigkeit wirft niemand gern sein Weihnachtsgeld, und der anonyme Gesamtleidende ist auch keine gute Empfangsadresse. Den Profis im Sammelgeschäft obliegt demnach die Aufgabe, die rationale Schwelle des Nichtspendens zu untergraben, um direkt ins kalte Herz des Endverbrauchers vorzustoßen. Neben den klassischen Mitleidsbewerbern erscheint in diesem Jahr ein neuer Anbieter auf dem Markt der Mildtätigkeit: Gerhard Schröder, klammer Insolvenzverwalter aus Berlin. Noch droht er mit der Steuerkeule, doch je weiter sich das Fest der Liebe nähert, desto mehr wird er betteln müssen, dass ihm überhaupt noch jemand zuhört. Und ist das nicht ein viel größeres Geschenk, als noch mehr Geld, das eh nur wieder zum Fenster rausgeschleudert wird?

Schlecht kopierte Subkultur

Women on wheels

Guck mal einer an, denkt der eingefleischte Frauenhasser, „Women on Wheels“: Da werden wieder Weiber aufs Rad geflochten wie einst im Mittelalter, is doch schön. Doch falsch, als „Women on wheels“ bezeichnet sich eine Gruppe Andersgeschlechtlicher, die das geräderte Dasein als Sozia satt haben und nun selbst das Mopped lenken wollen. Dieser neuen Konsumergruppe verdanken wir die tiefer gelegte Sitzbank und das Motorrad zum Knuddeln, auch Softchopper genannt. Damit bummeln die Frauen auf Rädern durch die Landschaft, und wenn am Horizont ein gelbes Rechteck auftaucht, das entfernt an ein Ortseingangsschild erinnert, fallen sie sofort in die 50-km/h-Starre. Überhaupt ist das strikte Befolgen der StVO heimliches Hobby der Bikerinnen. Männer rasen mit gestrecktem Mittelfinger auf Radarfallen zu, Frauen fürchten, dass sie sich nach ihnen umdreht und von hinten fotografiert. Männer überholen grundsätzlich jedes vierrädrige Fahrzeug, weil da sowieso nur Arschlöcher drinsitzen. Frauen fühlen sich stundenlang im Windschatten eines Treckers wohl und überholen nur, wenn im linken Schminkspiegel nichts als der weite Horizont erscheint. Warum fahren sie dann überhaupt Motorrad, es gibt doch jede Menge Twingos zum rumkutschieren? Der Grund liegt in der weiblichen Wahnvorstellung, dass überall dort, wo Männer bisher unter sich waren, geheime Paradiese locken. Deshalb werden junge Mädchen Polizisten, gehen zur Bundeswehr oder kaufen sich ’nen gebrauchten Radlader. Doch pardautz, is gar nich so toll, das vermeintliche Männerparadies: Kotze auf dem Rücksitz des Bullenautos, Scheiße fressen, wenn der Hauptfeld brüllt – alles gar nich so knuffig wie gedacht. Haha, aber das Motorradfahren, wenn da frau mal nicht wieder was vorenthalten wird vom Schwanz-Regime. Und schon schleicht das reife Weib zum Fahrschulfritzen, wirft ihm 2000 Euronen in den Schlund, kauft sich dann einen blitzeblanken Softchopper, ein knackiges Leder-Outfit sowie dreißig völlig unverständliche Straßenkarten und beginnt ihr Wochenenddasein als Woman on wheels. Doch statt ins verborgene Land maskuliner Lustbarkeit, tritt sie ein in die öde Welt des männlichen Penislängenvergleiches – und da is für sie kein Blumentopf zu gewinnen.

Das Glas ist immer halb leer

Die zweite Hälfte

Jedes Ding bis runter zum Atom hat zwei Hälften, die Ehe sogar eine bessere, die keine ist; beim Brötchen schmeckt nur die obere, im Leben nur die erste, und ausschließlich im Fußball kann sich darin noch alles ändern. Die zweite Hälfte ist der beschissenere Teil vom Ganzen, hier muss man ausbaden, was man in der ersten angerichtet hat. Saufen, Quarzen, Penis in viele Menschen reinstecken, und schon erlebt man seine zweite Lebenshälfte gar nicht mehr. Wobei das natürlich unlogisch ist, denn ist das Dasein noch so kurz, jeder hat darin 'ne zweite Halbzeit, die Frage ist nur, wann sie beginnt.

Im Gegensatz zum Fußball pfeift nämlich nicht irgendwann der Schiri, und man weiß: Die eine Hälfte ist jetzt rum. Das Leben ist überhaupt weit weniger lustig als der Rasensport. Ist man mit 70 noch unentschieden, was aus einem werden soll, geht das Leben trotzdem nicht in die Verlängerung, sondern es beginnt gleich das Elfmeterschießen auf den Brustkasten: Herzi, Prostata, Bypass, Krebs und Diabetes – einer trifft immer. Zieht sich im Fußball die zweite Hälfte oft unendlich hin, gehts im Leben rasend schnell dem Abpfiff entgegen.

Auch das Kalenderjahr hält in den ersten sechs Monaten allerlei Hoffnungen bereit: Wirds ein heißer Sommer? Passiert was in der Politik außer blöd grinsen? Stirbt ein Promi, dem man es schon lange gegönnt hat? Wird endlich das Autobahnteilstück nach 20 Jahren fertig? Das sind die Hoffnungen zwischen Januar und der Jahresmitte. Am 30. Juni ist dann alles klar: Morgen beginnt die zweite Hälfte, darin passiert absolut nix mehr: Sommerpause, Etat ist schon verbraucht, lohnt sich eh nicht mehr, das Arschloch geht auch nicht tot ... Was solls: Der Rest zwischen Juli und Silvester wird nur noch runtergerissen. Das Jahr ist tot, es braucht bloß sechs Monate zum Krepieren. Jetzt fängt nichts Neues mehr an, und das, was in der zweiten Jahreshälfte beginnt, steht unter einem schlechten Stern: die Beziehung zu Jutta, der zweite Weltkrieg. Und seitdem die Bälger nicht mehr zu Ostern eingeschult werden, bleiben sie ihr Leben lang doof.

Bücher, die Spaß bringen!

D. Wischmeyer, S. Bulthaup
Frieda & Anneliese
ISBN 3-8303-3081-2

Anna George
So werden Sie ein 1a-Macho und die Frauen werden Sie lieben.
ISBN 3-8303-3101-0

Sam Martin
Wie Mann den Rasen mäht
ISBN 3-8303-6078-9

Dietmar Wischmeyer
Verchromte Lüste
ISBN 3-8303-3033-2

H. Beberius, H. Klein
Alltags-Knigge
ISBN 3-8303-6074-6

Wir informieren Sie gern über das komplette Programm von Lappan. Postkarte genügt:

Lappan Verlag GmbH
Postfach 3407 · 26024 Oldenburg
www.lappan.de · E-Mail: info@lappan.de